イラストでわかる！

好きなモノと美しく暮らす

収納のルール

加藤ゑみ子

Discover

はじめに

二〇〇三年、『収納計画は人生計画』と題した収納の本を、ディスカヴァーの干場弓子様の編集で出版していただきました。そこでは長年、住まいのインテリアデザインのご相談を受け、設計してまいりましたノウハウから組み立てた、収納に対する考え方と具体的な方法を網羅いたしました。

当時はまだモノに翻弄され、どうやって収納スペースを増やせばよいかと苦心する時代でした。収納問題は、インテリアデザインにおける最優先の悩みとも言えました。けれども今は、モノに対する考え方が変わりつつあります。所有しないで必要なときにリースやシェアすることも増え、不要になったモノを手放すのも当たり前です。

今を大事にして生きるうえでのミニマムなモノの所有が主流であれば、収納問題に関する肩の荷も下ります。その生活空間の広さと容積にふさわしい量のモノにしておけば、悩みはありませんから、アドバイスも不要です。

ですが、一人暮らしで可能なミニマリズムも、家庭を持てば少し変わってきます。時代は変わっても収納問題は継続されるようです。家庭とは、日常生活に重きを置くべきものであり、その日常生活とは、要するに片付けの繰り返しであり、収納はその友だからです。

モノがない人生は本当に豊かなのか？

古代の昔から、空間とモノと人と時間――これらが美しい接点を持ちながら、人々の日常生活が営まれ、それぞれの文化が創りあげられてきました。ところが昨今は、時代の動きや外的刺激が強すぎるからでしょうか、日常生活というものが、単なる習慣に追いやられ、できるだけ短時間で処理すべきもののようになっております。

モノのない質素な生活も美しいのですが、その一方、日常生活におけるモノとの関わりの中で、感性は磨かれ、人も空間も美しくなっていくのです。

自然と人の間に、キャンバスに描かれた絵があるように、空間とモノ、人とモノ、時間とモノの間に、収納があります。収納はモノと自分の間にあるキャンバスです。日本人の好きな印象派の画家は、「今という時間、光、色、そして動き」までをキャンバスに写し取ろうとしました。その「移ろう有様」が日本人の心、美意識をとらえて離さないのでしょう。

その心で、その美意識で、モノと自分、モノの収納を見直してみたいと思います。日常生活を安っぽい「時短」という言葉で、便利さや手軽さに置きかえるのはやめにしましょう。そうすると、自分の時間がない、したいことができない、だから自宅では手を抜きたい、家事は簡略に、収納は便利なのがよい、という考えだけに追っかけられることになるからです。少し間違うと、自分を磨いてくれる良質なモノからも遠ざかる恐れが出てきます。

日常生活を大切にすることこそ、現代のあり方です。モノを極限まで減らそうとするのも、実は、溢れるモノをいかに収納するかに苦心したバブル時代の裏返しであり、モノに翻弄されている、という点では何ら変わらないように私には思えます。

収納には出し入れする「片付け」という行為があります。「片付け」こそ、どんなに忙しいときでもやるべき生活習慣です。心身を健康にしてくれる小さな達成感の効果的な繰り返しです。そして、片付けをする人にこそ、収納は魔法の箱です。いらいら、むかつき、怒りを最小限にできる日常生活での家事と心身が一体になった健康法です。忙しくても忙しいと言わない本当に忙しい人が元気なのは、そこに秘訣があるのです。

所有するモノこそ人生の表現

今の自分にぴったりのモノだけを、今必要と思われる適量で持つ、ということが徹底できる人は、賢い人生を送る人、と言えるのでしょうか。この先に必要なモノを安心のために買っておきたいと思ってしまったり、本当に必要というわけでもないのに所有欲や消費欲に駆り立てられて、理由にもならない理由でモノを持つ人は、愚かな人生を送る人、ということになるのでしょうか？

しかしながら、欲しいという気持ちは、人にエネルギーを与えます。欲しいとも思えない、さらに必要性も感じないのは、エネルギー不足です。モノを求めるのは大切なことです。過去は過去として、今、自分を磨いてくれるモノがあるのは豊かなことです。楽しい人生は、求める熱意と求めるモノの適切さによって展開していくのです。

生活を管理する収納行為

消耗品や道具類の収納には、管理能力が問われます。モノの移動、量の変化、出し入れの頻繁さがあり、管理しなければ無法地帯もしくは廃墟となります。

家族の共有で生活行為をサポートするモノ類は、それぞれの家庭で多少は異なるとはいえ、基本的には、どこに何があるか、家族の誰もが簡単にわかるような保管方法をとるべきです。そうすると、補充の管理が楽になります。

いずれのモノも、使ったらすぐに収納するという瞬間行動が習慣となっていれば、次に使う人も管理をする人も、手間が省け、トラブルが少なくなります。誰でも、自分で自分を躾《しつ》ければ、使ったモノを使う前の状態に戻せるようになります。

家庭内のもの探しは、モノの管理と片付けの習慣によって解消するはずです。そして、このことこそが、日常生活の煩雑で無駄な時間を少なくする最大の秘訣です。

美しい収納遊び

自分が何を持ち、どのくらい、無駄なくモノを使い回して管理しているか、本書をお読みになりながら、一度、振り返ってご覧になることをお勧めします。それが満足できるものであれば、自分は美しい人生を過ごしているという自信が持てるでしょう。

自分の所有するモノと自分は、格において同価値です。つまり、モノは自分自身ということなのです。自分をどのステージに置くかを考えます。高級かどうか、ということではありません。いつでもお役目がある時にすぐ登場できるとか、誰もが素敵と思える状態の場所にあるか、などといったことです。それをモノで考えてみると、自分が見えてきます。

いつも同じ場所にあっても誰も気がつかないのなら、場所を変えたり、置き方を変えたりしてみると、急に出番が増えることにもなります。モノは動かされて意外性を発揮するのです。収納されたままで忘れ去られているとしたら、役目がないだけでなく、いずれ時に葬り去られてしまうかもしれません。

今使ってみる、今役立ててみる、もう一度置き場所を検討してみるなど、収納行為は役立つ遊びです。片付いていないからと悩む前に、収納遊びに夢中になってみましょう。

所有するモノとその収納法を見直し、収納は人生そのものだと思いつつ、美しい人生を広げていただくことが、今回、私が本書に秘めたミッションです。好きなモノと美しく暮らすための収納計画のヒントとしてご活用いただければ幸いです。

加藤ゑみ子

CONTENTS

Chapter 3 ライフステージで収納を考える

Chapter 4 タイプ別収納コンサルティング

収納計画は人生の縮図

収納計画は人生の縮図です。
幸せ、豊かさ、楽しさ、そして、それらと同じだけ、
その反対のものがあるとしても、
美しく生きよう、美しい人生にしようと思いたいものです。
収納も、人生も、何より大切なのは、美しいことです。

収納計画は毎日の生活を知ることから

住まいの空間をデザインしようとするとき、最初に必要な情報は、住まう人がどんな生活行為を営んでいるのか、営もうとしているのか、ということです。

住まいの空間は生活行為に合わせて

夢や理想は限りなく広がりますが、たとえば、あなたが雑誌で見つけたような、欧米風の住まいにしたいと願ったとしても、あなた以外の家族が長年畳の生活に満足しているのだとしたら、完全な欧米風の住まいが完成したところで、結局家族はソファの前でカーペットに正座したり、寝そべったりしてしまうことになります。

まず、毎日の生活の実態を見直す必要があるでしょう。生活行為を無視して、使いやすい収納を作ることはできません。

誰のための空間？

自分の現実の生活行為に対する認識がないと、ショールームで展開されるさまざまな空間の提案や、キッチンの設備や家具の新商品の情報、友人の偏ったアドバイスにその都度振り回されることになりかねません。

美しい空間を目指すことは、快適な空間を目指すということなのです。

誰が訪れるのか

気の置けない仲間以外来客のない家庭に、フォーマルな応接スペースはいらないでしょう。ダイニングにゆとりを作るほうが賢明です。

誰が使うのか

家族で音楽を楽しむ習慣がないなら、ピアノなどの楽器やオーディオは、リビングではなく、それを楽しむ個人の部屋に置きます。すると、共有スペースが広い空間として楽しめます。

Column

なぜモノが増えるの？

収納ペースが足りないという人は、自分の持っているモノを見直してみましょう。処分しにくいモノ、使っていないモノなど、本当は必要のないモノがクローゼットの奥に眠っていませんか？

思い出の品

思い出と共にモノも積み重なっていくので、ときには取捨選択が必要です。

いただきもの

送っていただいた方への感謝の気持ちは、ただ持っていることで表せるものではありません。

便利だと思っているモノ

便利だと思っていても、それを本当に使っていますか？

かわいいモノ

モノのかわいらしさから、捨てられないことがありませんか？　本当に必要か考えてみましょう。

将来必要になりそうなモノ

「子どもが大きくなったら使うかも」という考えは、余計なモノを増やすもとです。

とりあえずそろえたアイテム

集めることに夢中になって、目的を忘れていませんか？　モノと自分を向き合わせてみましょう。

Chapter

1

収納計画
8つのルール

収納計画を作りあげるうえで大切なのは、
きちんとしたルールを設けることです。
ここからは、プロが実践する具体的な
収納方法のルールをお教えします。

「モノは出し入れする」
それを前提にした「収納計画」を

「収納」8つの大原則

ただやみくもに収納計画を立てても、それが自分の生活にふさわしいものでなければ意味がありません。まずは、自分の生活を見つめ直すことも重要です。

美しく快適な生活空間を目指す

収納が、住まう人の生活行為、価値観と一体化していれば、美しく快適な生活空間を作ることができます。それには、そもそもどういう生活を送りたいのかを明確にしなくてはなりません。つまり、たくさんの希望や要望が、自分たちの本当に望む生活、一番大切にしている生活において、実現可能かどうか整理する必要があるわけです。

ルール 1

生活行為と収納を結びつけて考える

生活の中で、案外時間を取られるのが、他の家族のためにモノを探す行為です。家族の生活行為を考えて必要なモノをまとめておくことで、誰もが収納場所を把握できるようになります。

誰もが把握できる収納に

目の前にあるモノから、どこにしまってあるかわからないモノまで「あれをとって」という要望に応えるのは大変なことです。でも、必要とするモノがジャンルや使用するシーンごとにまとまっていれば、誰もが収納場所をイメージしやすくなります。

さらに、家族それぞれの生活行為に合わせてモノを配置できれば、誰かにもの探しをお願いする機会も減ってゆくことでしょう。

玄関

外に持ち出すモノは玄関に

頻繁に外に持ち出す機会の多いモノは、玄関に置くようにすることで、部屋の中を探し回る必要がなくなります。
一緒に持ち出すことが多いモノは、セットにしておきます。

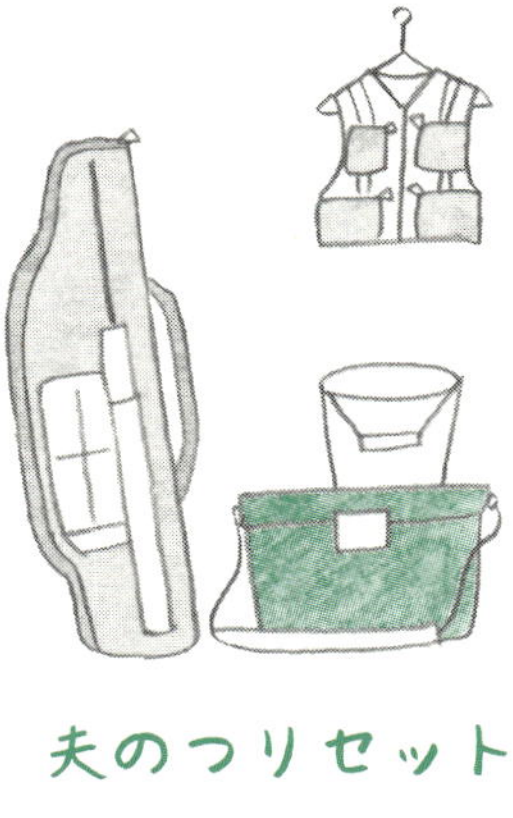

夫のつりセット

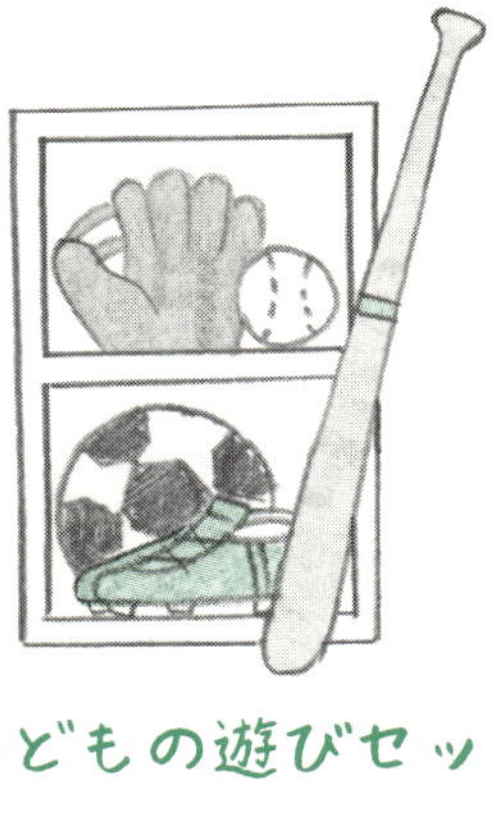

子どもの遊びセット

卓上

「あれどこ？」をなくす

毎日卓上で使用するモノ、たとえばお茶を飲むためのセットなどは、定位置をきちんと決めておくことで、家族全員が場所を理解し、すぐに行為に移れるようにしておきます。

食後のお茶セット

ティータイムのセット

万一のとき

突然必要になるモノはまとめて

結婚式やお葬式などに関するモノは、予期せぬときに突然必要になることがあります。それさえ持っていけばすむように、ひとまとめに収納しておきましょう。あわてず準備ができます。

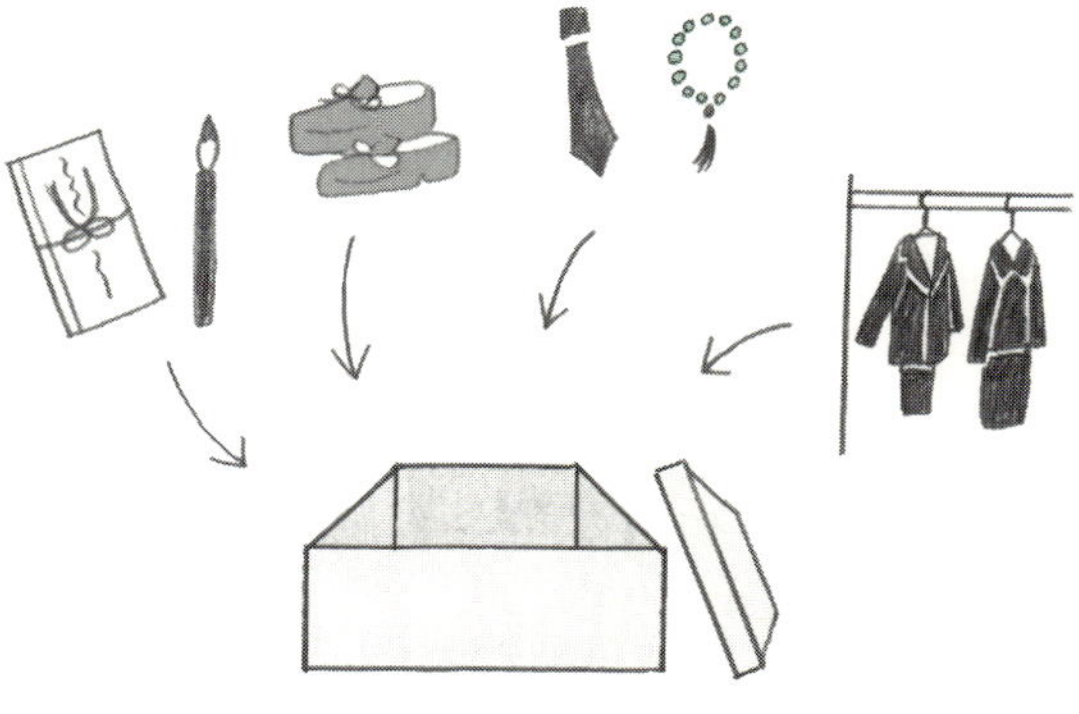

お葬式セット

ルール2 使うところに置く

家族全員が共通して使用するモノは、収納場所が理解されていないと特定の人ばかりモノを探すことになってしまいます。全員にわかりやすい収納を工夫しましょう。

モノはみんなが使いやすい場所に

分類すれば別々の収納になってしまうモノも、使う場所でひとまとまりにしておいたほうがよいケースがあります。たとえば、「日常誰もが必要とするモノは、使う場所ごとでまとめる」ようにします。

モノが、それを使う場所に置かれているとわかっていれば、他人の手を煩わせずに、自分で必要なモノを簡単に探し出せますし、家族全員が後の人のために行動できるようになります。

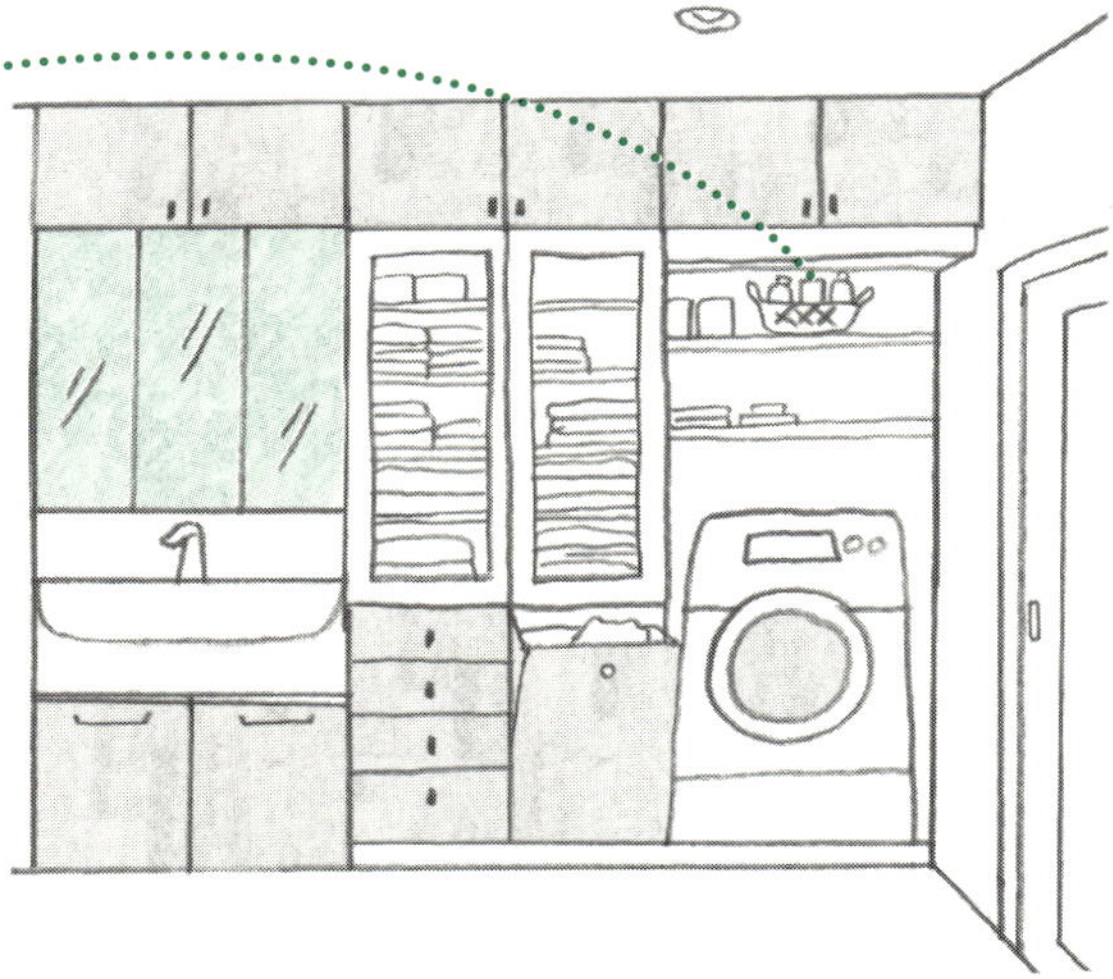

消耗品の補充

どこに何が置いてあるかわからないと、消耗品の補充もおざなりになります。ポイントは、使用場所から見えるように置くことです。

誰もが使うモノ

日常誰もが使用するモノは、同じモノを集める分類より、ひとつの目的で使うモノをまとめておくほうが機能的です。リビングで頻繁に使うモノなどは、美しいカゴや箱にまとめるか、チェストの一段にまとめて入れます。

ルール3 二段階収納で考える

使う場所に置きたくても、そこに収納するだけのスペースがないという場合も少なくないと思います。そのようなケースであっても、使用する場所に収納する工夫はするべきです。

少しでも使う場所に置く工夫を

使う場所には少量を収納し、予備のモノは別の場所に置くという二段階収納を行えば、機能的ですっきりした印象にできます。

重要なのは、使う場所にあるべきモノが少なくなってしまったときの補充を家族全員に習慣づけること。こまめに点検することも必要です。

まず理想の生活から収納を考える

機能性ばかりを重視して煩雑に収納すると、便利でも美しくない生活空間になってしまいます。まずは理想の生活空間をイメージしてみましょう。

保存場所を共有する

どこに何がしまってあるのかを家族で共有することも大切です。もし収納場所が変わった場合には、きちんと他の人にも伝える習慣をつけます。

場所ごとにリスト化

二段階収納では、収納場所が分散されるため、場所がわからなくなってしまいがちです。リスト化して見えるようにし、仕組み化しておきましょう。

モノ	常備場所	保存場所	日付
BOXティッシュ	リビング	クローゼット1	15/7/9
トイレットペーパー	一階トイレ	洗面所棚	15/11/13

ルール4

しまう行為は、別の行為と一体化させる

家族の出しっぱなし、使いっぱなしは、常に住まいの悩みのタネ。しまう行為に、何らかの動機づけをすることで、片付ける習慣が比較的つけやすくなります。

カゴを持ち歩く整理術

モノを出すときには「使う」という目的がありますから問題はありませんが、「しまう」は、それ自体が目的になるので、つい後回しになりがちです。それならば、しまう行為に別の行為を結びつけてみましょう。

たとえば、部屋を移動してモノを使うときは、カゴを用意して、使い終わったらまずそのカゴに入れるようにします。そのカゴを持って次の部屋に移動すると、使いっぱなしということはなくなります。

カゴの中身を行為に合わせる

何をするかを具体的に考えてカゴに用意すれば、部屋を行ったり来たりする必要がなくなります。
一度にいろんなモノを持って移動できるのも、カゴを用意する利点です。セットにしておくと便利でしょう。

カゴの位置を決める

カゴを持って移動する習慣をつけようと思うのであれば、自分が長く時間を過ごす部屋内でのカゴの位置を決めておくとよいでしょう。モノをしまおうと思ったときに、自然とカゴに手がのびるようになります。

ルール 5

使う目的に合わせた収納にする

形状、使用方法が同じでも、その用途が違うモノがあります。その場合、それを使う行為によって分類することが必要になります。ここでは、ハサミを例に収納を考えてみましょう。

4つの考え方で収納を制す

使用目的に合わせた収納では、4つの考え方が重要になります。それは、①使う頻度によって出し入れのしやすさを決めること。②使う場所に合わせて、収納方法を変えること。③モノの大きさで収納内部を工夫すること。④一緒に使うモノをグルーピングすることです。単にモノの種類だけで分類してしまうと、機能的ではないこともあるわけです。

✕ NG

モノの種類だけで分類したよくない例

ハサミは形状も使用目的も同じですが、すべてひとまとめにしてしまうと、使用する機会があるたびに、使うハサミを探さなくてはいけなくなります。また、用途を間違って使うとハサミをダメにしてしまいます。

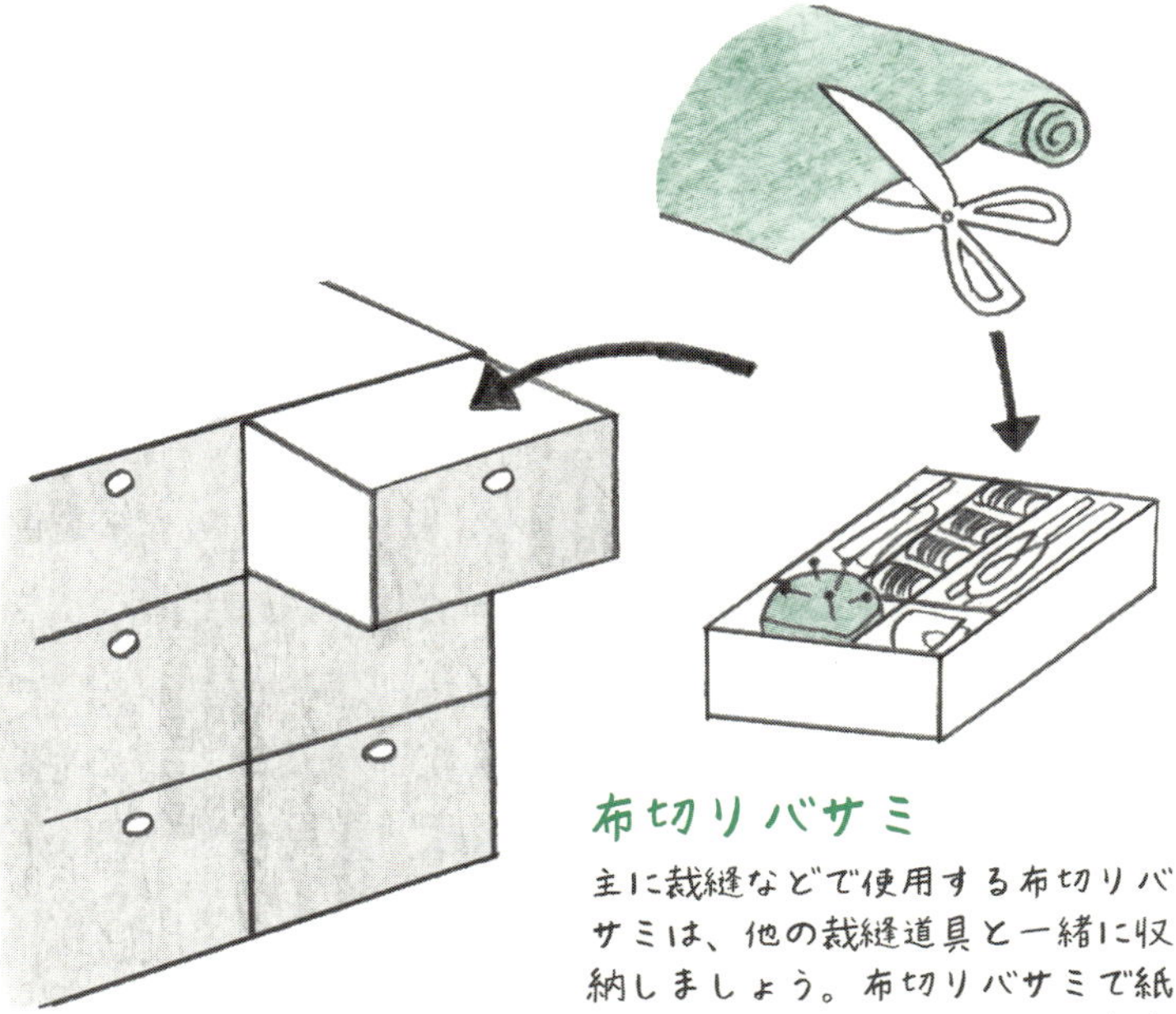

布切りバサミ

主に裁縫などで使用する布切りバサミは、他の裁縫道具と一緒に収納しましょう。布切りバサミで紙を切ると布が切りにくくなります。

園芸用のハサミ

ガーデニングの道具と一緒に。

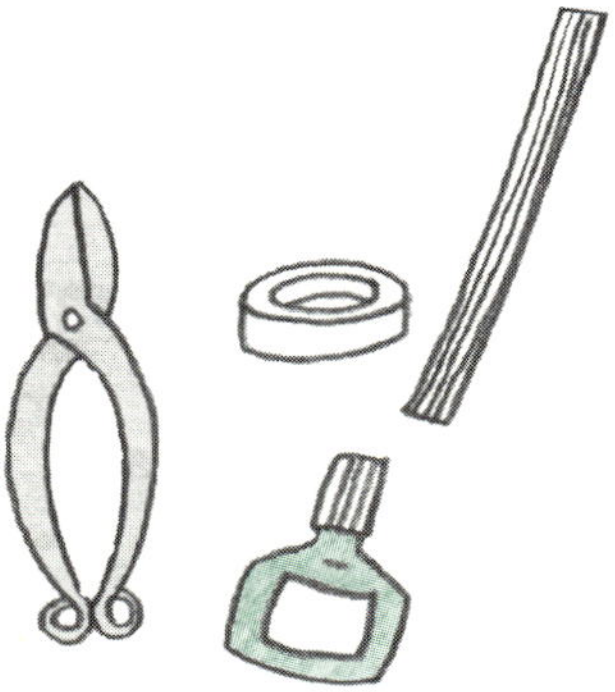

フラワーアレンジメント、活け花で使うハサミ

アレンジメントの道具・材料と一緒に。

理美容バサミ

すきバサミなどの理美容バサミは、使用する場所に合わせて収納するとよいでしょう。主にドレッサーで鏡を見ながら使う機会が多いのであれば、そこに収納しておきます。

アイケア用品も一緒に

ビューラーなどのアイケア用品は、メイクの際に使いますので、化粧用品と一緒にドレッサーに入れておきます。

キッチンバサミ

キッチンバサミなどの調理に使うハサミは、他の調理道具と一緒に収納しておきます。

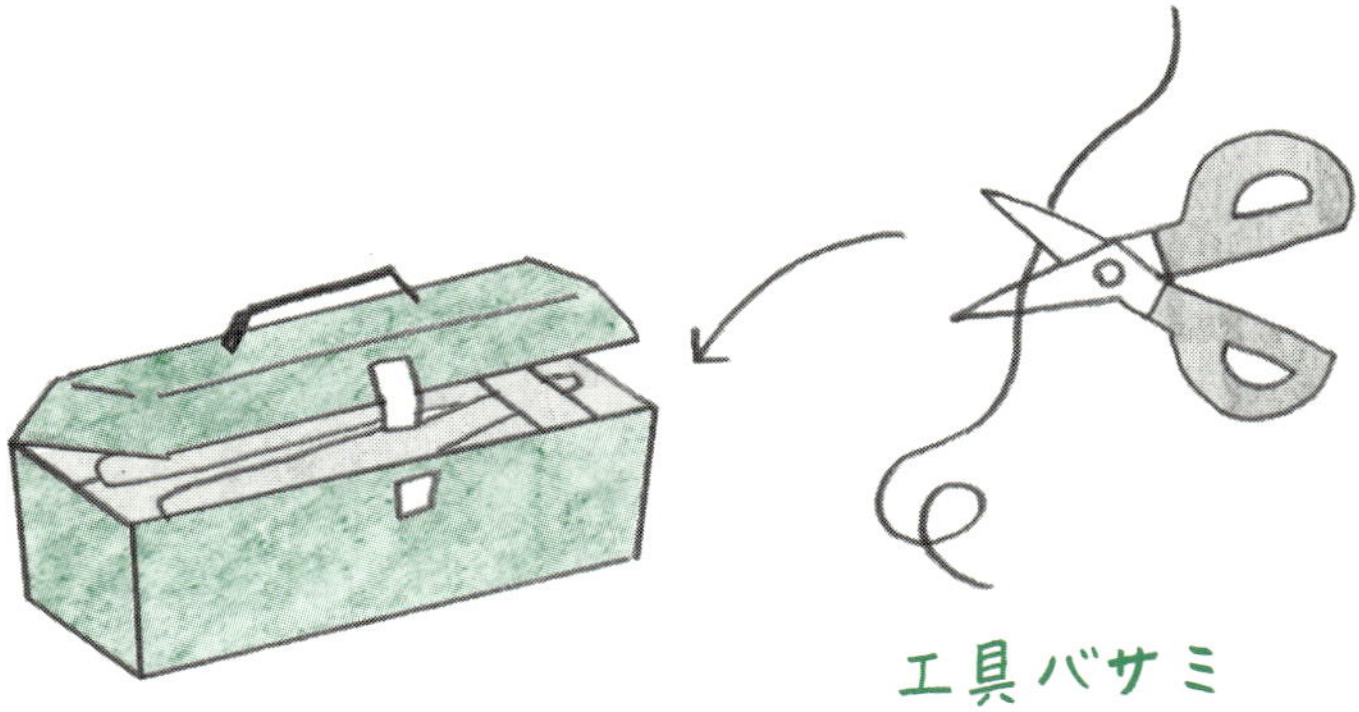

工具バサミ

工具バサミも、他の工具と同じタイミングで使うことがほとんどですから、工具箱に入れておけば探す必要がありません。

ルール 6

消耗品の適正貯蔵量を考える

ペーパー類、洗剤類、食品類など、日常消耗するモノの貯蔵は、適正量を計画的にストックすることで、収納スペースを効率よく使用できます。

消耗品の消費ペースに合わせる

消耗品をどのくらいストックしておくかは、家族の人数や年数、来客数、買いものに行くサイクルなどによって考えます。漠然とした不安から必要以上のストックを持つ傾向があると、必要な収納スペースが大きくなり、生活スペースを圧迫してしまいます。

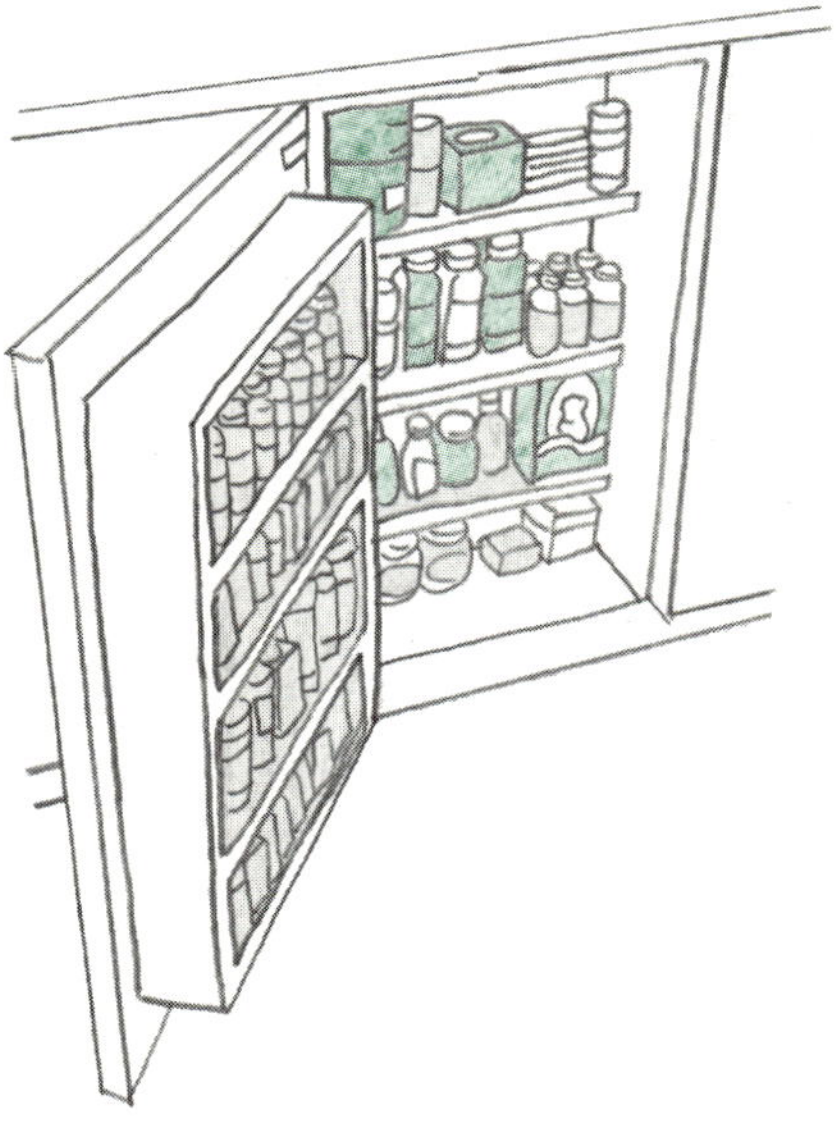

収納スペースを広げすぎない

必要以上に消耗品の収納スペースを広げると、その他の収納を圧迫してしまいます。適正量を見定めて、できるだけコンパクトにしましょう。

適正量を考える

消耗品の消費ペースは、家族によってさまざまです。家族をよく観察して適正量を決めましょう。他の家族と相談してみるのもよいでしょう。

買いすぎは禁物

安売りをしていたからと、予定外のまとめ買いをしてしまわないように注意しましょう。快適な生活空間を保つためには、適正量が大切なのです。基本的にはおよそ1カ月分が目安。

ルール 7

記憶に頼らない収納方法をとる

「確かにこのあたりに収納しておいたはずだ」と、もうとっくに別の場所に移してしまったことを忘れて、以前の場所を探し回ることはありませんか？記憶はあてにならないものです。

品物台帳を作って探す手間を省く

滅多に使わないけれど、持っていなくてはいけないモノというのは、年に数回だけ使うモノか、財産的価値のあるモノでしょう。一箇所にまとめて収納すると同時に、品物台帳を作ることで、記憶する必要も、探し回る必要もなくなります。

年に数回だけ使うモノ

イベントグッズ、かけかえる絵、たくさんある花ビンなど、年に1度使うか使わないかのモノは、どうしても収納場所を忘れがちになってしまいます。

財産的価値のあるモノ

通帳やパスポート、印鑑などがそれにあたります。頻繁には使わなくても、絶対になくしてはいけないモノです。

品物台帳の書き方

大きさ、色、種類、購入時期、収納場所を書いておきます。台帳を見ただけでモノをイメージできるように手がかりを残しておきましょう。

モノ	大きさ	色	種類	日付	場所
スーツケース	大	青	荷物入れ	2008/3	クローゼット下段
こたつ布団	大	赤	布団	2009/1	寝室クローゼット上段
ミシン	中	白	裁縫道具	2011/2	家事室棚・中段
青い花ビン	小	青	花ビン	2015/6	リビング棚・上段

リストの訂正を習慣化する

場所の移動など、変更があるたびに、必ずリストを訂正するように習慣づけましょう。それを怠ると、リストは意味のないものに変わってしまいます。

ルール 8

思い出の保管方法を考える

子どもの作品、趣味の作品、写真、ビデオ、アルバム、旅の記念品など、人生にはさまざまなモノが残されます。しかし、全てを残すわけにもいきません。できるだけコンパクトにすることを考えましょう。

思い出を生かすために

思い出の品は、捨てられないモノのひとつです。どのように形に変えたら収納量を少なくすることができるか、どのような収納方法をとれば生かされるかを考えましょう。
思い出の品といえども、埋もれてしまっては意味がありません。整理され、活用される収納を考えましょう。

写真や動画など

CDやDVDに記録できるモノは、焼いてまとめておくとよいでしょう。年代別に並べることで、探しやすくなります。

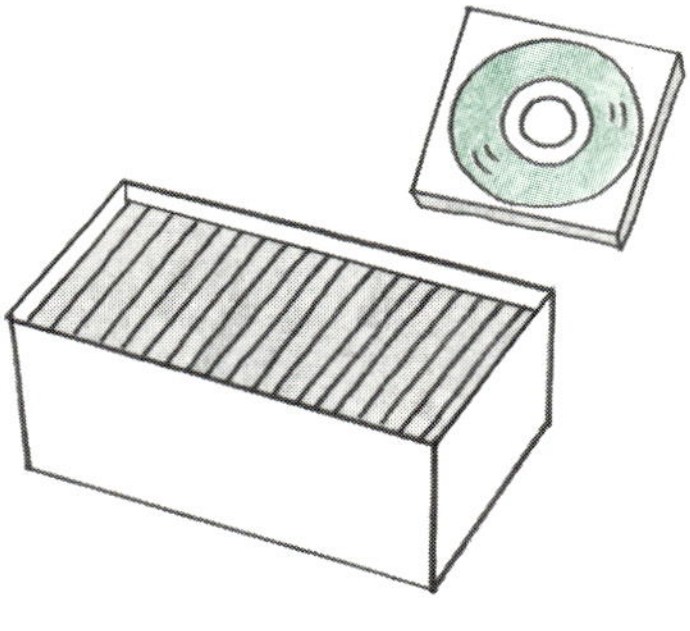

はがきや表彰状など

紙の思い出は、クリアファイルを使うと煩雑にならずにすみますし、振り返るときも見やすくなります。

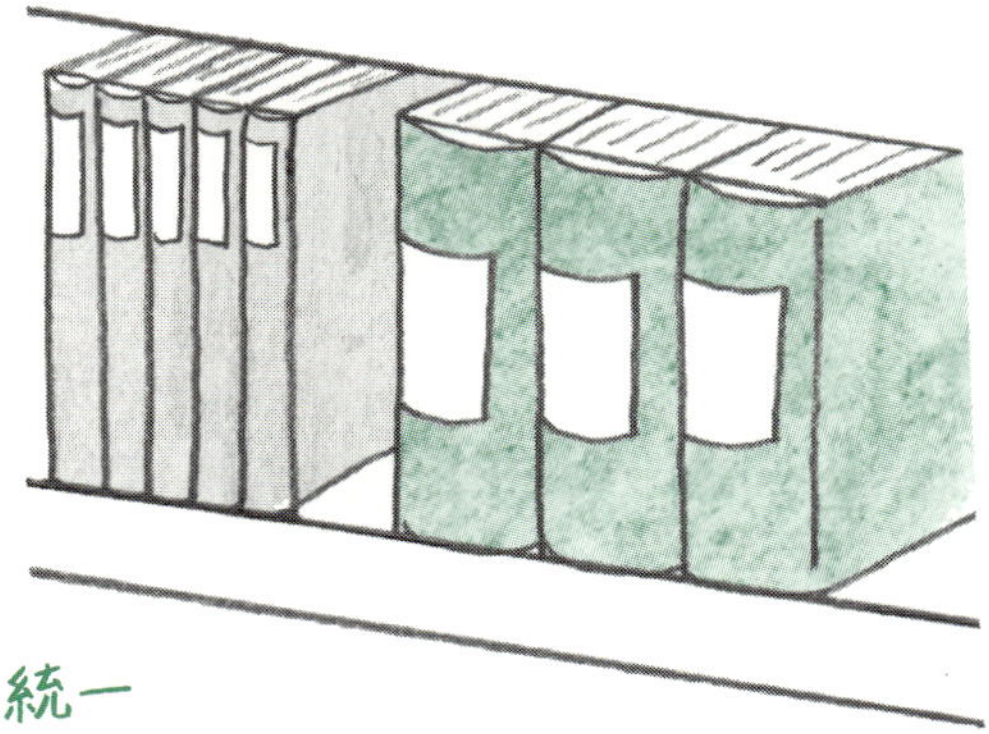

クリアファイルを統一

はがきや表彰状などを、せっかくクリアファイルにまとめても、種類がバラバラだと見た目が美しくありません。できるだけ種類をそろえて美しく並べましょう。

子どもの作品

子どもの作品は、成長と共に溜まっていくものです。最近のモノの保管と長期保管に分けましょう。持って帰ってきたモノをすぐに見えないところにしまってしまうのは少し寂しいですから、子ども部屋のボードに貼って楽しみます。次の作品がきたら、箱にしまって長期保管をしましょう。

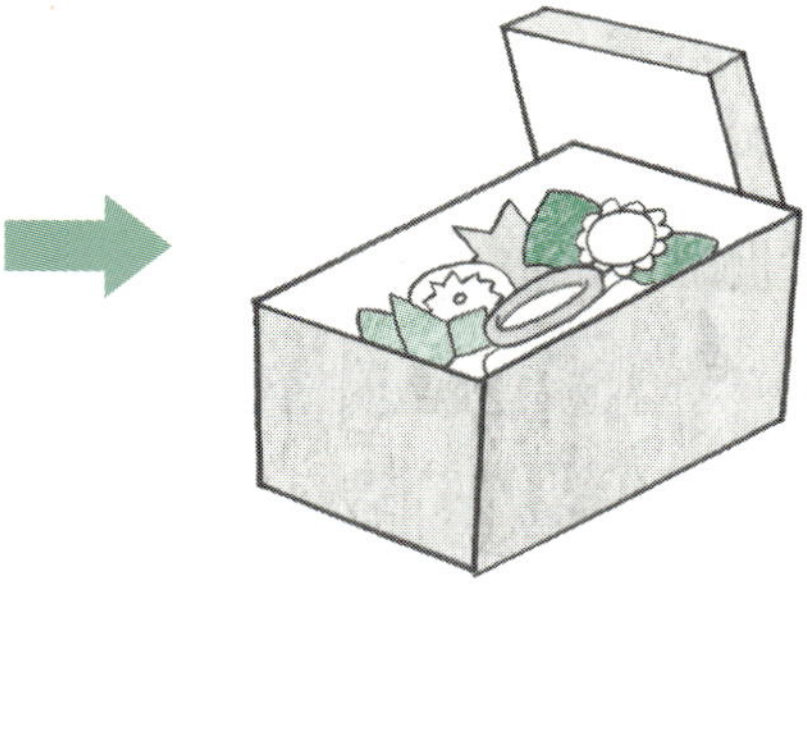

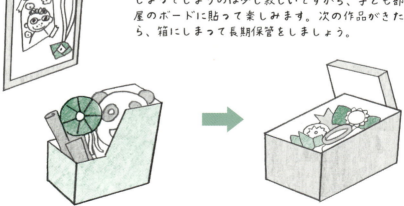

Column

モノの管理は便利用品以上に役立つ

便利用品を使えば、日常の作業の効率が飛躍的に上がると思い込みがちです。ですが、本当に作業時間が短くなっているでしょうか……。

時間のロスは「もの探し」にある

テレビや雑誌の通販などでもよく見かける便利用品は、最初はおもしろく感じて使うのですが、飽きてしまったり、問題があったりして、結局使わなくなりがちです。時間を有効に使い、効率よく作業するということならば、モノをよく管理することでも十分に目的は達せられます。作業の多くの時間は「もの探し」によって割かれてしまいがちだからです。まずはモノの管理を考えてみましょう。

Chapter
2

実践！
プロの収納原則

ここからは、さらに具体的な収納方法を解説していきます。生活スタイルや収納物の特徴によって、収納方法も柔軟に考えなくてはなりません。ただ、収納の原則にきちんと沿っていれば、自然と使いやすく収納することができます。

1 モノの分類

収納計画はモノの分類から始まります。「行為とモノは一体」という原則から分類すると管理がしやすくなるでしょう。基本的には、使用目的、使用頻度、形状、大きさによって分類し、家族構成や生活行為の特徴、住まいの空間も考慮しましょう。

道具は作業と場所ごとで分類する

特定の場所で使用するモノは場所ごとに分類します。たとえば、文房具を使う場所がダイニングなら、ダイニングに収納します。裁縫道具や掃除道具などの作業で使うモノはひとつのグループにしておさめましょう。家事室があればそこにまとめます。

作業で分類

編みものに使う道具や裁縫道具など、限定された作業で使用するモノは作業ごとに分類します。

薬や体温計などはよく使う場所に。所定の場所を決めておきます。

調理器具・食品はグルーピングする

形状や使用目的に応じてグルーピングしておくと、調理の際に探し回る手間が省けます。ひと目で何が入っているかわかるように、なるべく重ねず並べるようにしましょう。

調理道具

使用頻度や大きさごとに分類します。仕切りで区切るとよりわかりやすくなります。

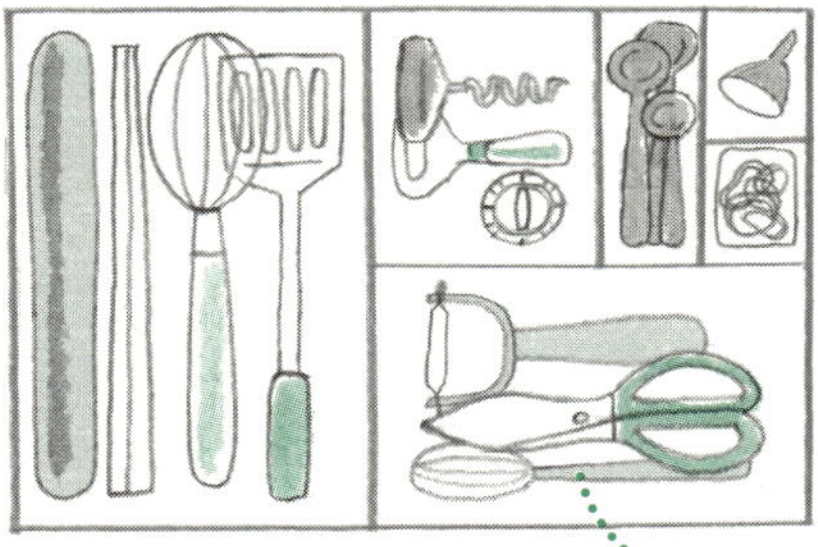

よく使うモノは、手前に配置することで作業がスムーズになります。

食品

種類や大きさで分類します。見た目の派手なパッケージのモノも、カゴやケースを使うことでごちゃごちゃした印象を防ぐことができます。

粉類は粉類で、ボトル類はボトル類で大きさごとに分類して収納します。

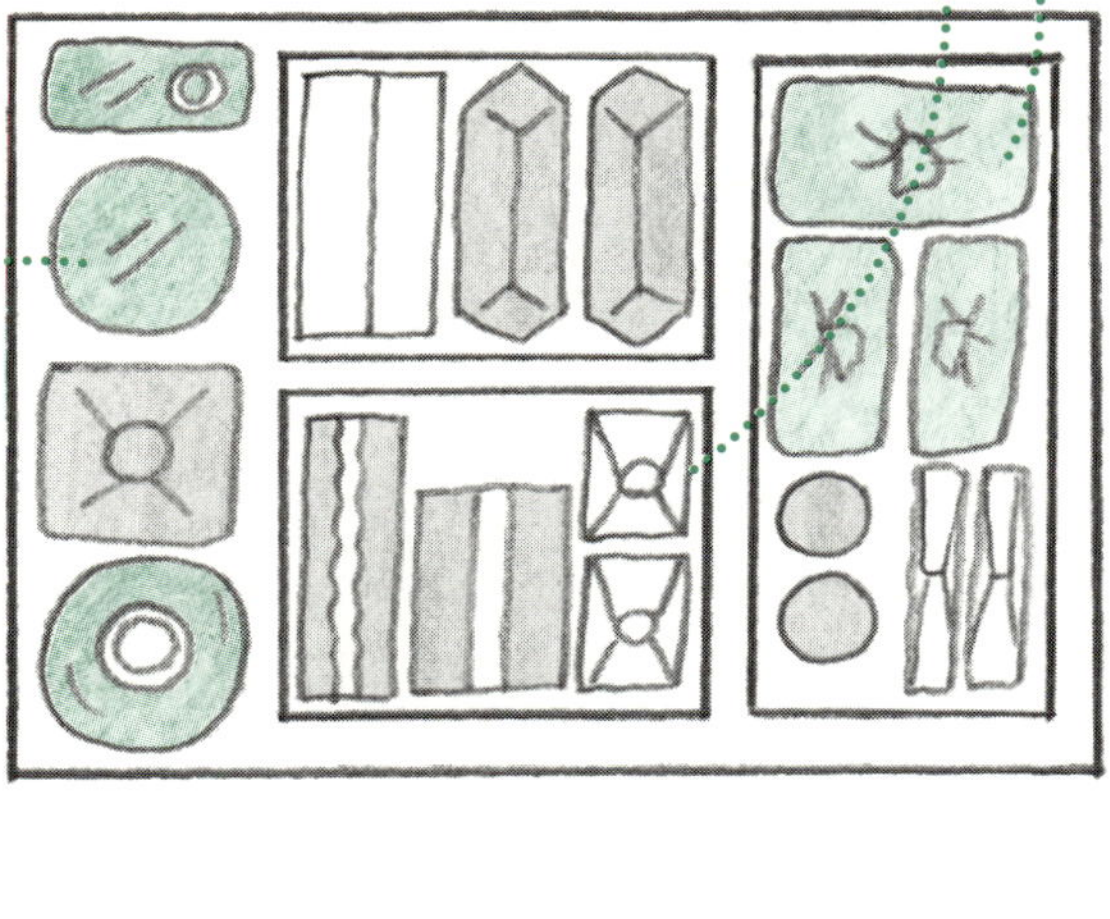

サイズの大きなモノは、カゴには入れず、ゆったり収納。

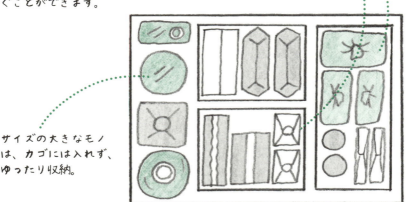

生活用品は使う場所ごとに

生活用品は全てその作業内容によってグルーピングして、使う場所に収納します。そのようなルールを設けていれば、他の場所にわざわざ探しに行く必要がなくなり、無駄な時間がなくなります。

庭で使うモノを屋内に収納すると、移動する時間が無駄になります。

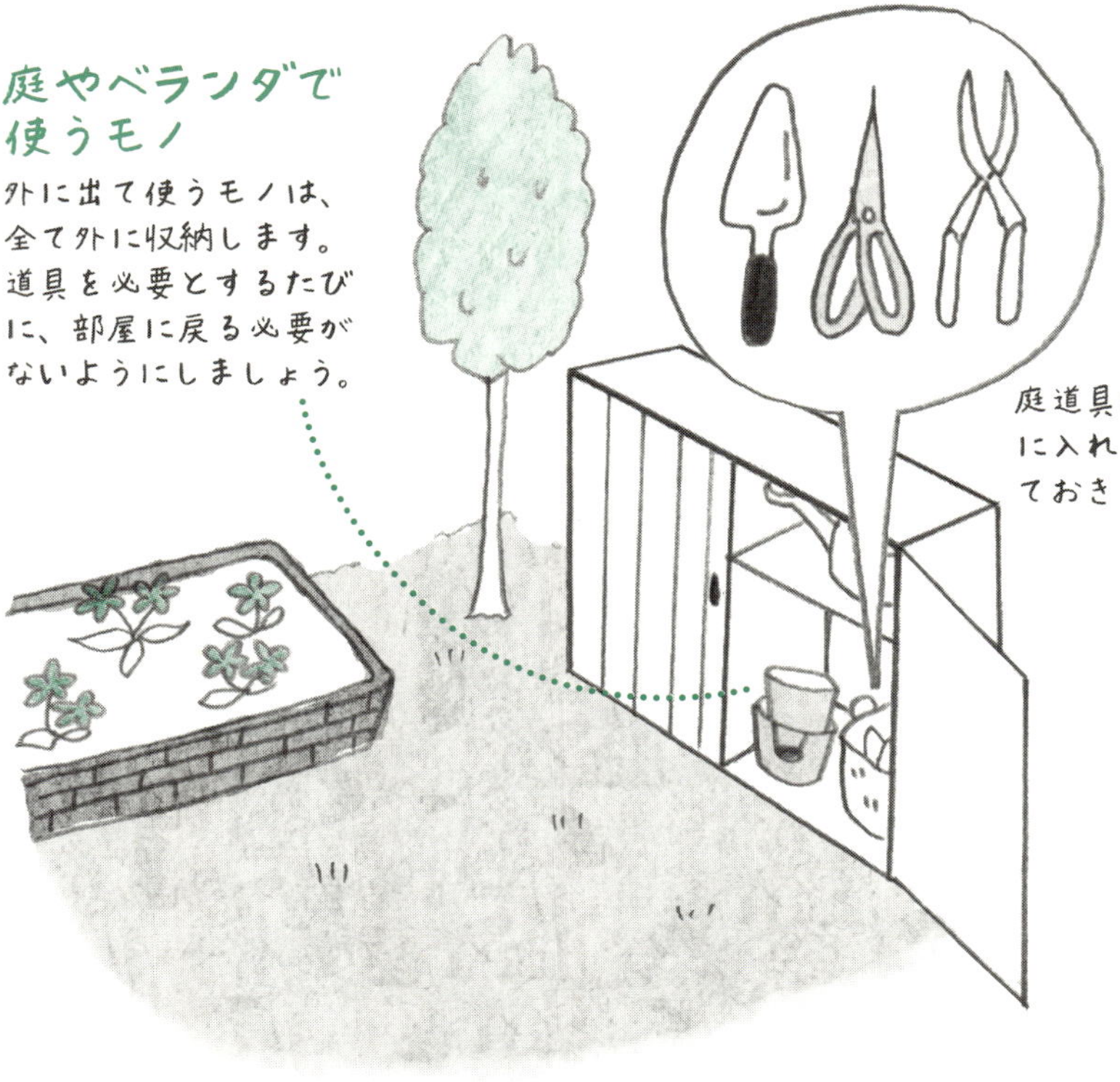

庭やベランダで使うモノ

外に出て使うモノは、全て外に収納します。道具を必要とするたびに、部屋に戻る必要がないようにしましょう。

庭道具は、カゴに入れてまとめておきます。

アニバーサリーグッズ

家族各自ごとに分けて収納したり、ライフステージや年代ごとに区切ったりしてまとめます。

設置する場所が決まっていれば、その部屋に収納することで探し回る必要がなくなります。

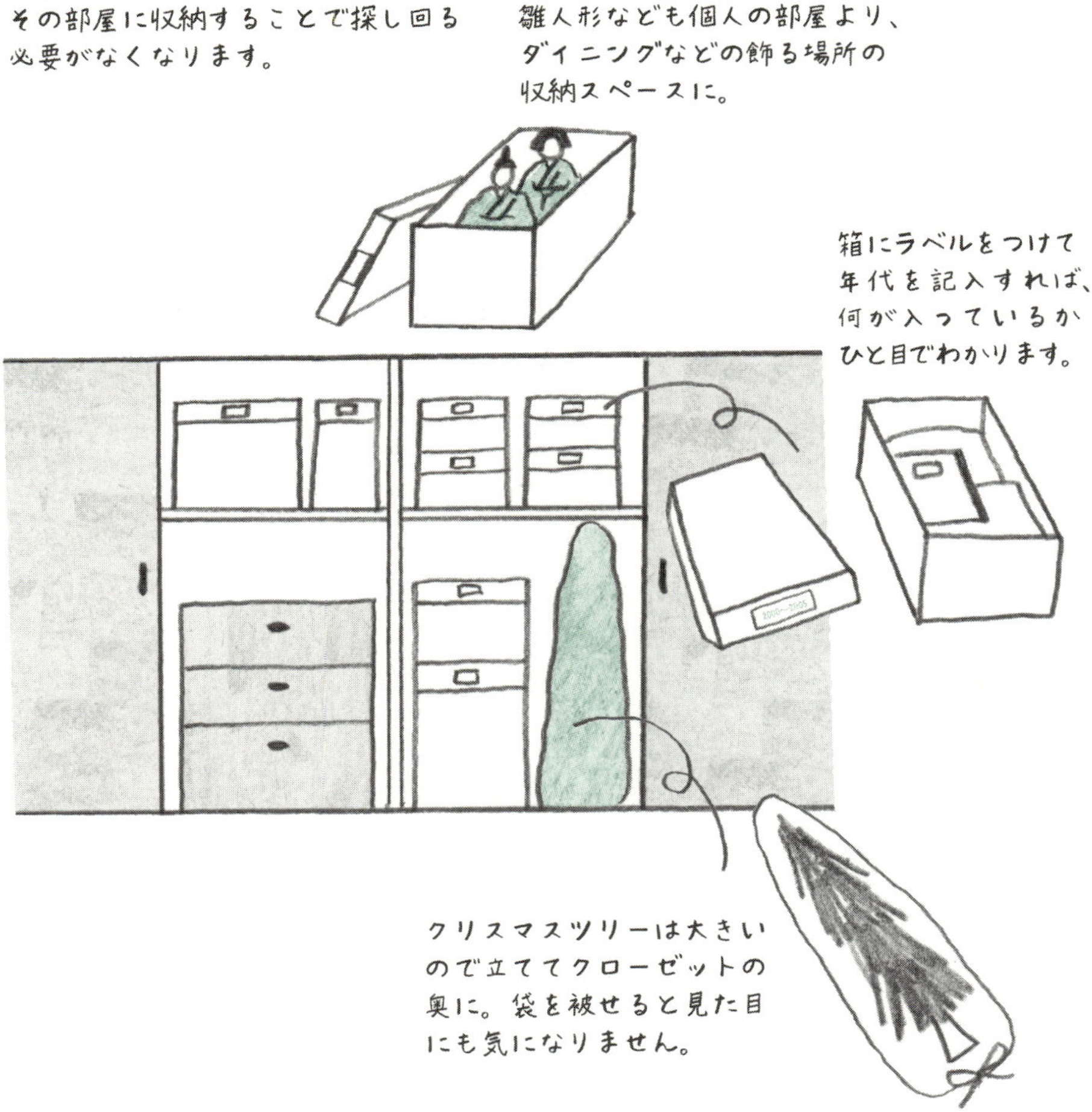
雛人形なども個人の部屋より、ダイニングなどの飾る場所の収納スペースに。
箱にラベルをつけて年代を記入すれば、何が入っているかひと目でわかります。
クリスマスツリーは大きいので立ててクローゼットの奥に。袋を被せると見た目にも気になりません。

2 貯蔵と保管

よく使うモノの収納は、使う場所にあることが基本ですが、使用頻度の低いモノの保管や貯蔵の場合はその必要はありません。収納期間が長くなるので、通気性のよい冷暗所にしまいましょう。重要なのは、何が収納されているか忘れない工夫です。並べ方やメモでひと工夫しましょう。

貯蔵のポイント

貯蔵の場合は、食品やペーパー・洗剤類をストックすることになります。

扉を開けたらすべてのモノが見渡せる状態にしておくことで、買いもの前に何を買い足す必要があるか、チェックしやすくなります。

ひと目でわかるように陳列

食品や洗剤類など貯蔵しておくモノは、ある程度使用頻度の高いモノが多いため、残量と種類がひと目でわかるように収納するのがポイント。

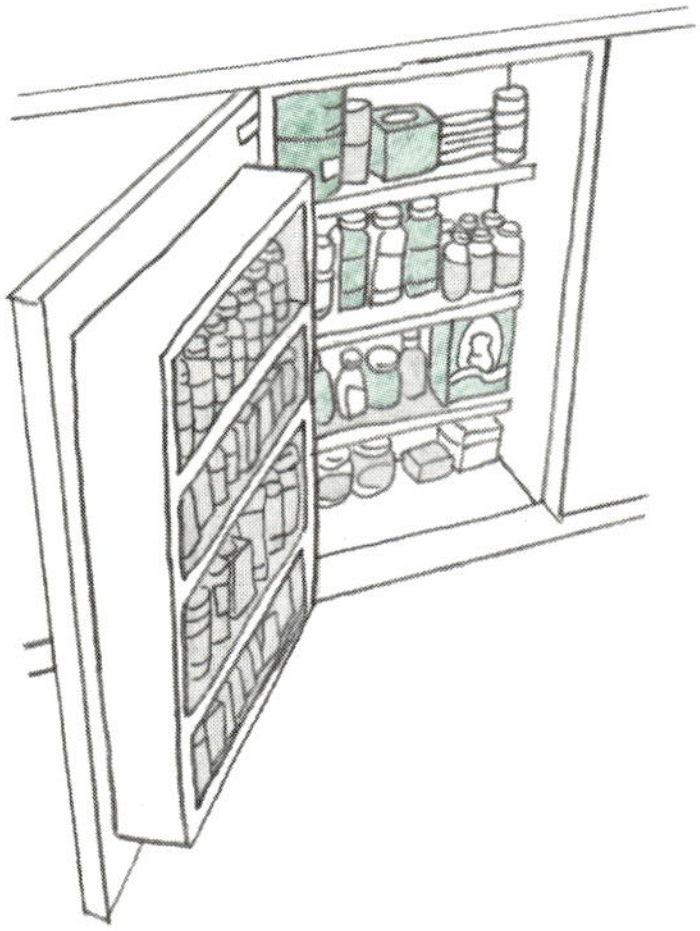

同じ大きさの密閉ビンに入れかえて並べる。

缶詰類は、同じモノを奥から手前に、残量がわかりやすいように並べる。

保管のポイント

保管するモノは、それほど使用頻度も高くないため、傷みを防ぐことが重要になります。そのため、幾重にも箱などでプロテクトして、しまっておきます。ただ、そうなると扉を開いても何がしまってあるのかわかりません。何がどこにあるのかわかる工夫があるとよいでしょう。

積み重ねるので、ラベルは前面に。

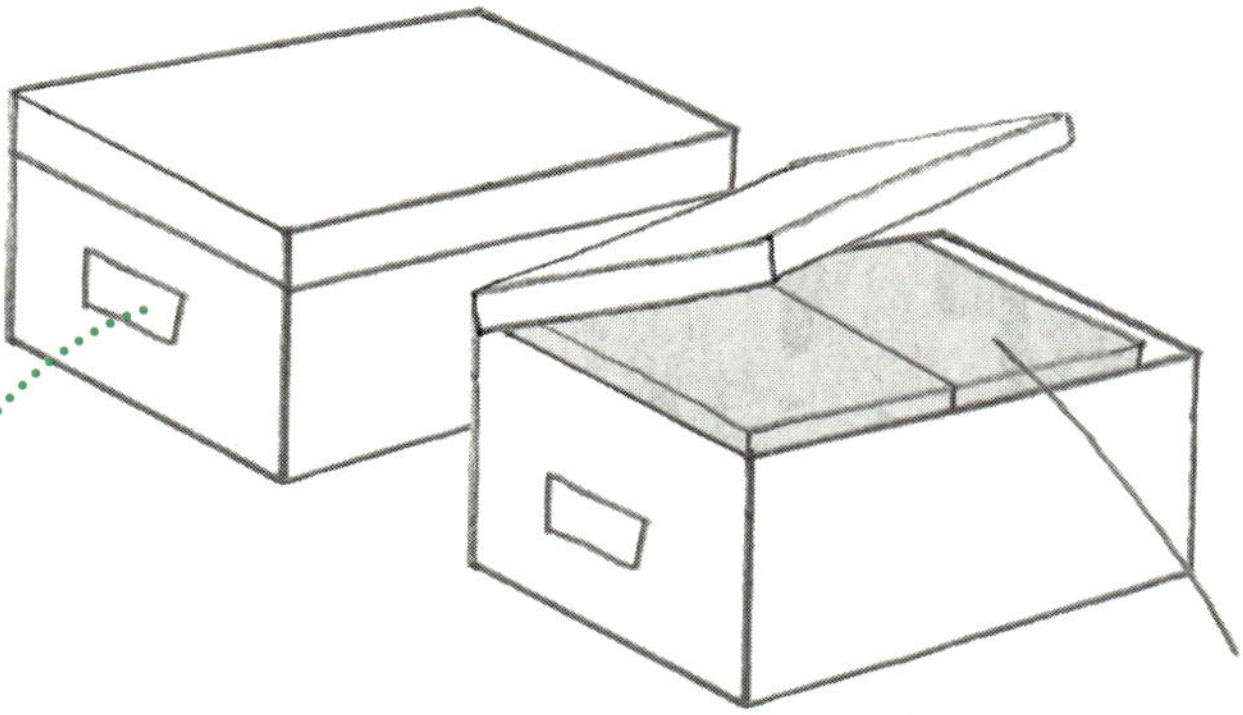

メモや台帳を作る

種類や大きさで分類します。保管品は中身を忘れてしまいがちなので、箱に名称を書き、台帳を作ったりメモを貼ったりして中身がわかるようにします。

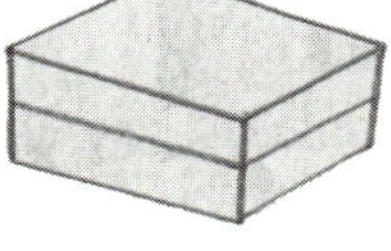

保管では、何重にもプロテクト。中身も箱にすることで、整理しやすくなります。

3 キッチンとダイニングの収納

モノの出し入れが頻繁になるキッチンとダイニングの収納は、体の動きと使い勝手がポイントになります。特にキッチン収納は、出し入れの動きと一体化したものにしましょう。汚れやすい場所ですから、掃除しやすいようにシンプルな機能にすることも大切です。

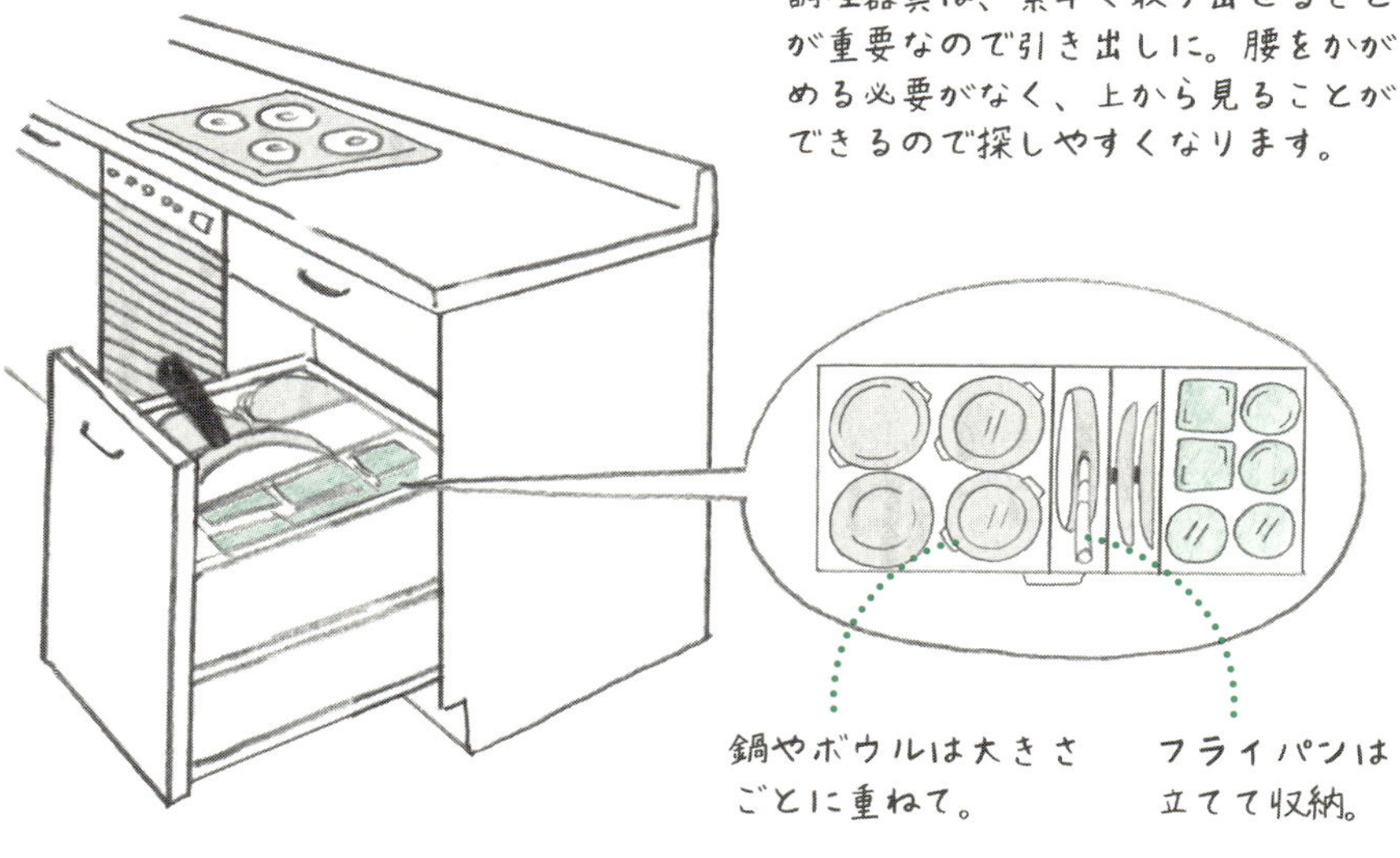
調理器具は引き出しに
調理器具は、素早く取り出せることが重要なので引き出しに。腰をかがめる必要がなく、上から見ることができるので探しやすくなります。
鍋やボウルは大きさごとに重ねて。
フライパンは立てて収納。

腰から下は引き出しに

腰から下の位置にある収納は引き出しにすることが基本です。そうすることで容易に出し入れできますし、モノを探しやすくなります。キッチンスペースが狭い場合には、ワークトップに吊り戸棚をつけることになりますが、高さと奥行き・扉の開閉など細やかな配慮が必要です。

収納・取り出し・管理を一元化できるパントリーが理想

キッチンにパントリーを作ることができれば、ひと目で何があるかわかるため、取り出しやすく、しまいやすくなります。調理する前にワゴンやトレーにモノを出して運びましょう。

パントリーは、扉がない分取り出しやすいですが、モノがむき出しになるため、大きさごとにまとめたり、カゴや箱で仕切ったりして美しく陳列しましょう。つめ込みすぎず、取り出せる空間を確保することも大切なポイントです。

種類のそろっていない小さな食器は、カゴに入れて見た目にも美しく。

スライド式の扉で機能的に

パントリーを作る広さがない場合でも、天井から床までの食品庫・食器庫は欲しいものです。その場合、通しのスライド扉にすることで、見渡しやすく、作業中開けたままにできるので、使いやすいのです。

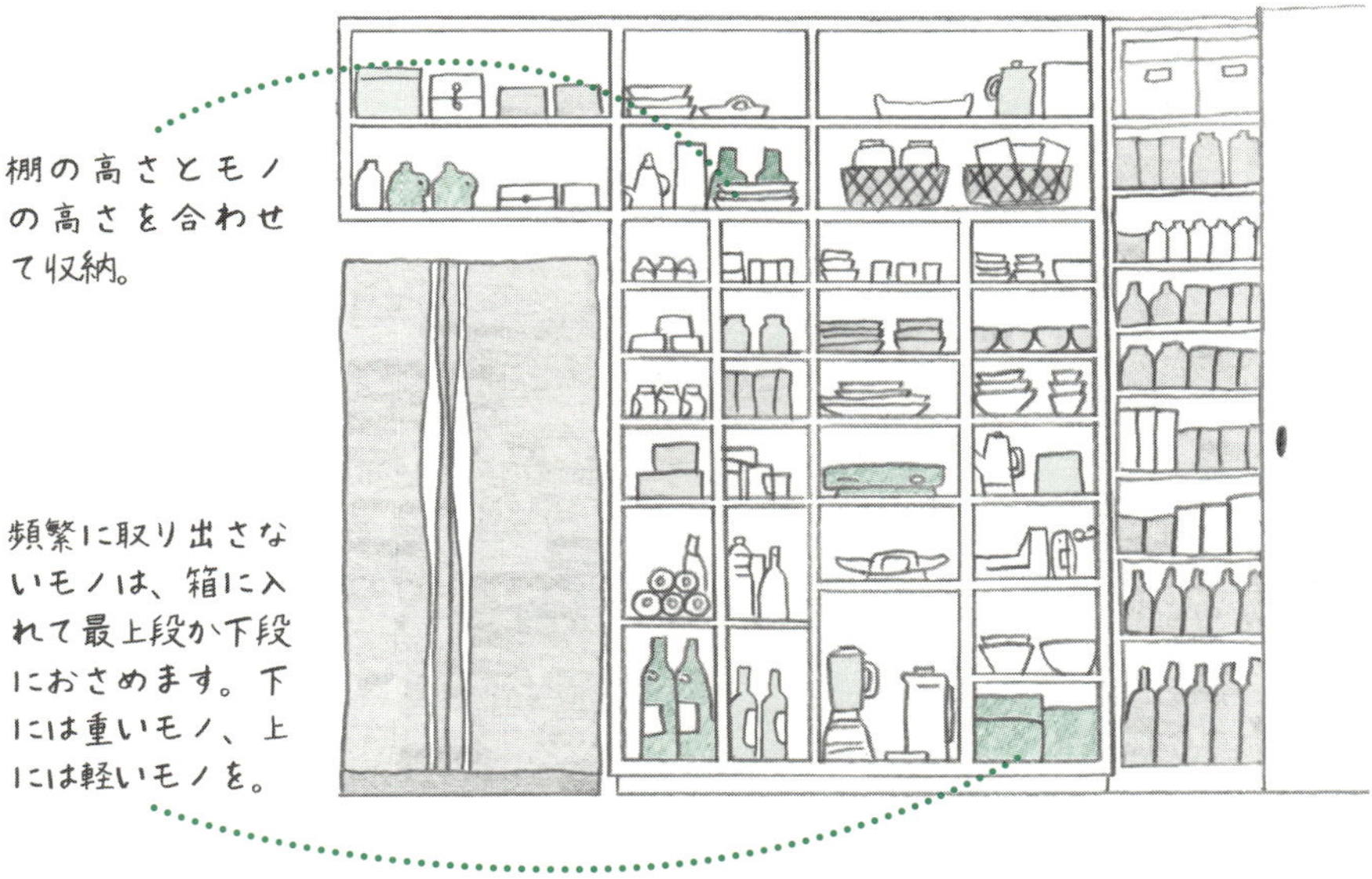
棚の高さとモノの高さを合わせて収納。
頻繁に取り出さないモノは、箱に入れて最上段か下段におさめます。下には重いモノ、上には軽いモノを。

コンセントの必要な調理器具は出しておく

電源が必要な調理器具は、便利なモノとして持っていながら、出し入れが面倒なことから使う回数が減ってしまいがちなモノのひとつです。ですので、収納したまま使えることが大切になります。

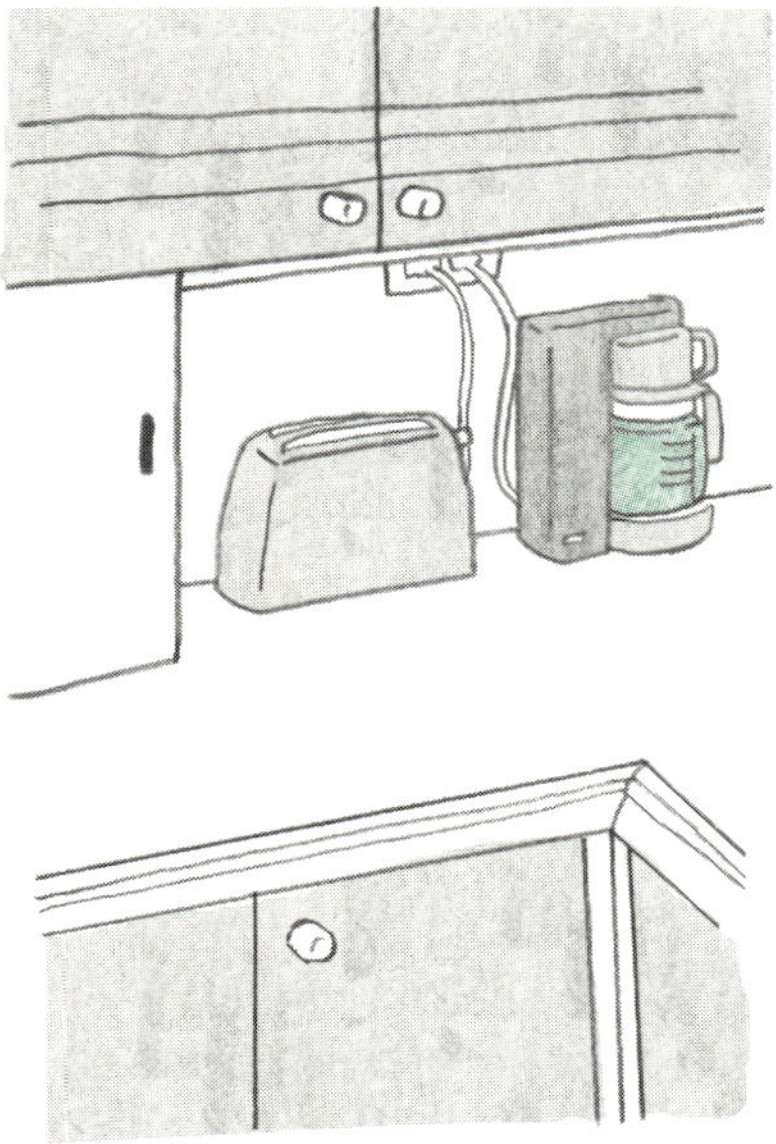

手に届く範囲に収納

トースターやコーヒーメーカーなどは、使おうと思ったときに、すぐ使えることが大切です。コンセントのある作業台の奥にまとめて収納しておくことで、取り出す手間を省けます。

出したままにするなら美しい形のモノを

家電品を出したままにする場合は形のよいモノを選び、色を統一しましょう。

大切な食器やカトラリーをどこに置く？

食器をキッチンのパントリーに収納しておけば、準備・片付け・収納するのに便利ですが、食器を洗ったそばから毎回の食事で使いまわしがちになってしまいます。ライフスタイルに合わせて、ダイニングに食器を置くのもよいでしょう。

カップソーサーやポット類は見て美しいモノなので、ダイニングのカップボードなどに飾ります。

ティータイムにときどき使う食器類は、ダイニングに。

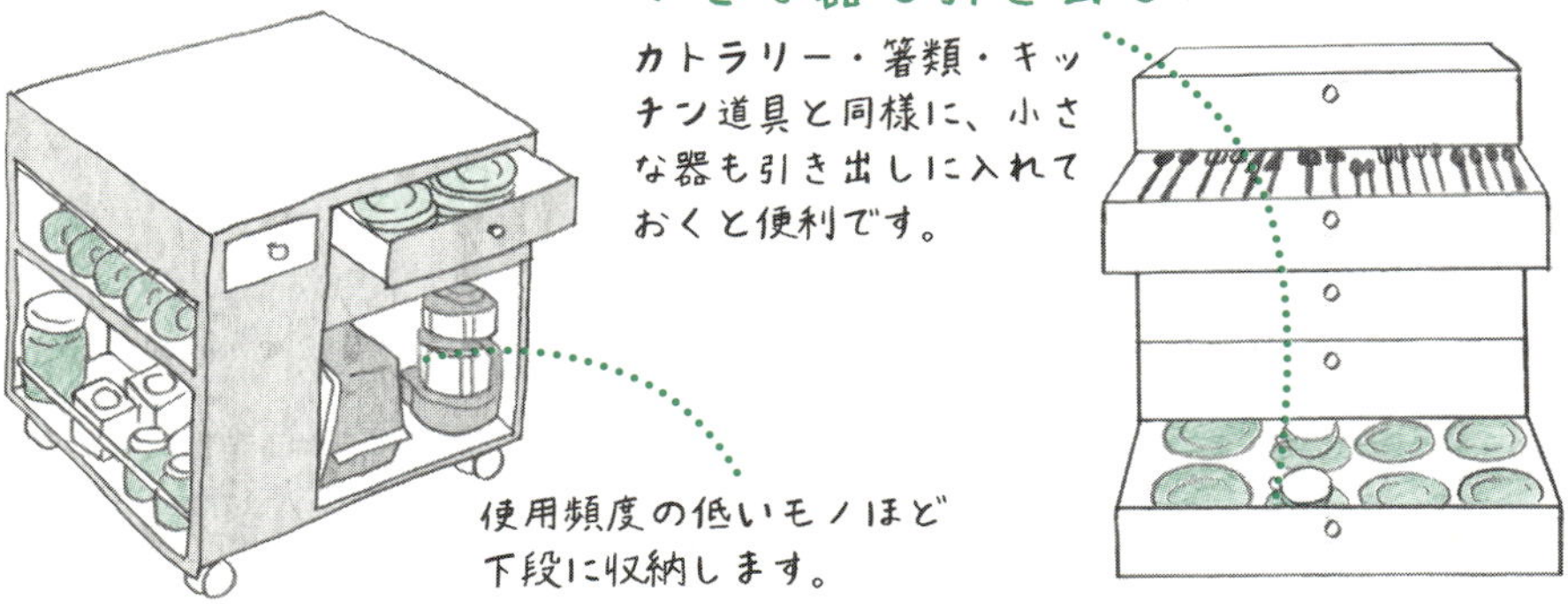

小さな器も引き出しに

カトラリー・箸類・キッチン道具と同様に、小さな器も引き出しに入れておくと便利です。

使用頻度の低いモノほど下段に収納します。

4 衣服の収納

衣服の収納は、選びやすく取り出しやすいことが重要です。棚の部分とハンガーパイプを使いこなして、適材適所に収納しましょう。あまり複雑な収納方法はとらず、機能を単純にシンプルにすることが重要です。

上部には箱類などを

普段使いしないモノは上部にまとめて、空間を有効活用しましょう。箱に入れることで、美しく見えます。

一列のハンガーパイプでシンプルに

回転式やリフト式のハンガーもありますが、1列のハンガーパイプにかけるのが一番取り出しやすいです。機能は単純な方がよいのです。

衣服はかけるのが基本

洋服の収納では、オールシーズンのモノを、丈をそろえて、かけて収納しておくのが一番です。そうすることで、手入れさえしておけば、必要なときにすぐに取り出せます。その他、たたんで収納する和装やセーター類には引き出しが必要です。

季節の変わり目にしか取り出さない寝具は、取り出しにくくてもいいので上部にしまうようにします。

長ものの衣類が入っても余裕のある高さにすれば、小ものを効率的に収納できるスペースが生まれます。

デッドスペースはカゴを使って有効活用。

Tシャツや肌着など頻繁に洗うモノまでかけるのはNG。スペースに余裕がなくなります。セーター類・ニットものはかけると伸びてしまいます。

ハンガーパイプ以外にチェスト類を組み込むことで、居室内に余分な収納を置かなくてすむでしょう。

5 ホームリネンの収納

ホームリネン類は、使う場所にそれぞれ収納するようにします。生活のシーンでもっともよく使うモノのひとつですから、使いやすいことが一番です。きれいにたたんだり、まるめてそろえたりして、気持ちよく使えるようにしましょう。

食に関するリネンはシーンごとに

リネンは、生活に清潔と彩りをもたらすモノですから、美しく収納したいものです。どこに何が収納されているかわかるように、きっちりルールを決めましょう。カゴで小分けにしたり、リボンで結んだりして、まとめて収納しましょう。

ダストクロス（雑巾）

キッチンクロスとは別に調理台の巾木収納にストックしておきます。

まるめて収納すれば、おさめやすく、取り出しやすいです。使い古したモノと新しいモノを、カゴなどで区切りましょう。

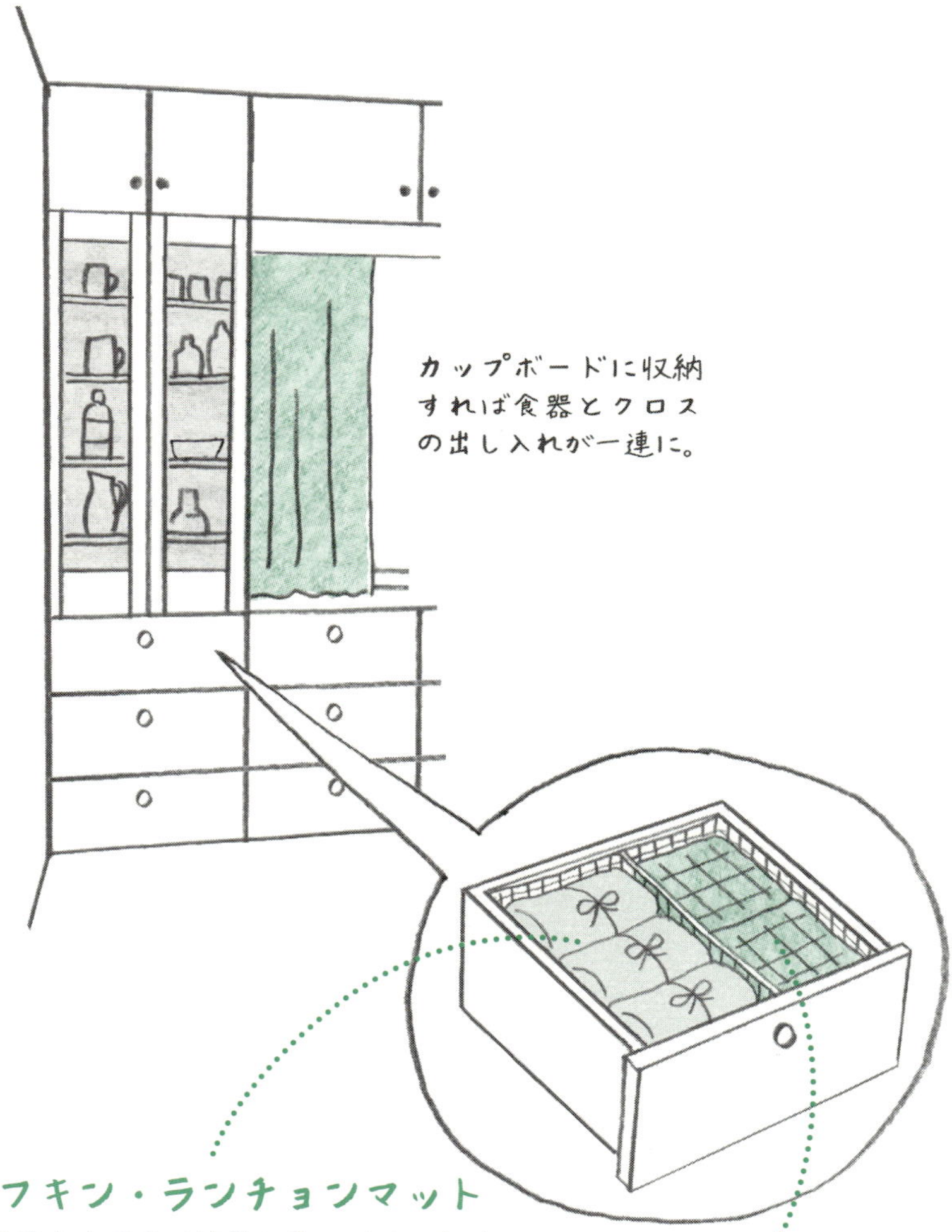
カップボードに収納
すれば食器とクロス
の出し入れが一連に。

ナフキン・ランチョンマット

毎日使うナフキンやランチョンマットは、まとめて1カ所の引き出しに。他のモノと混ざらないように、リボンで束ねておきましょう。

テーブルクロス

ホームリネンの花形テーブルクロスも、ダイニングのカップボード（食器棚）と一体になった引き出しに。

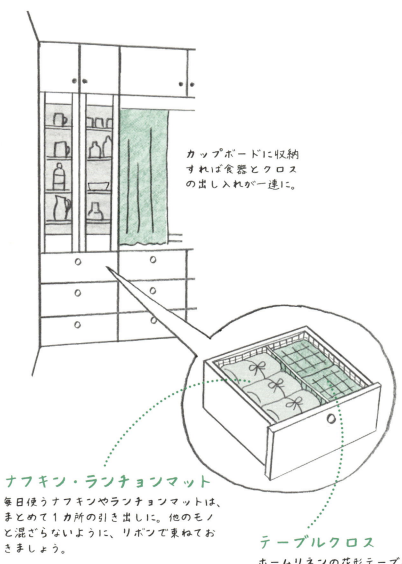

メンテナンスと収納を完結させる

洗剤と頻繁に使うタオルの使用と収納を同じ場所で行うことで、無駄な作業を省きます。

ボトル状の洗剤類は直置きすると乱れてしまうのでカゴに。

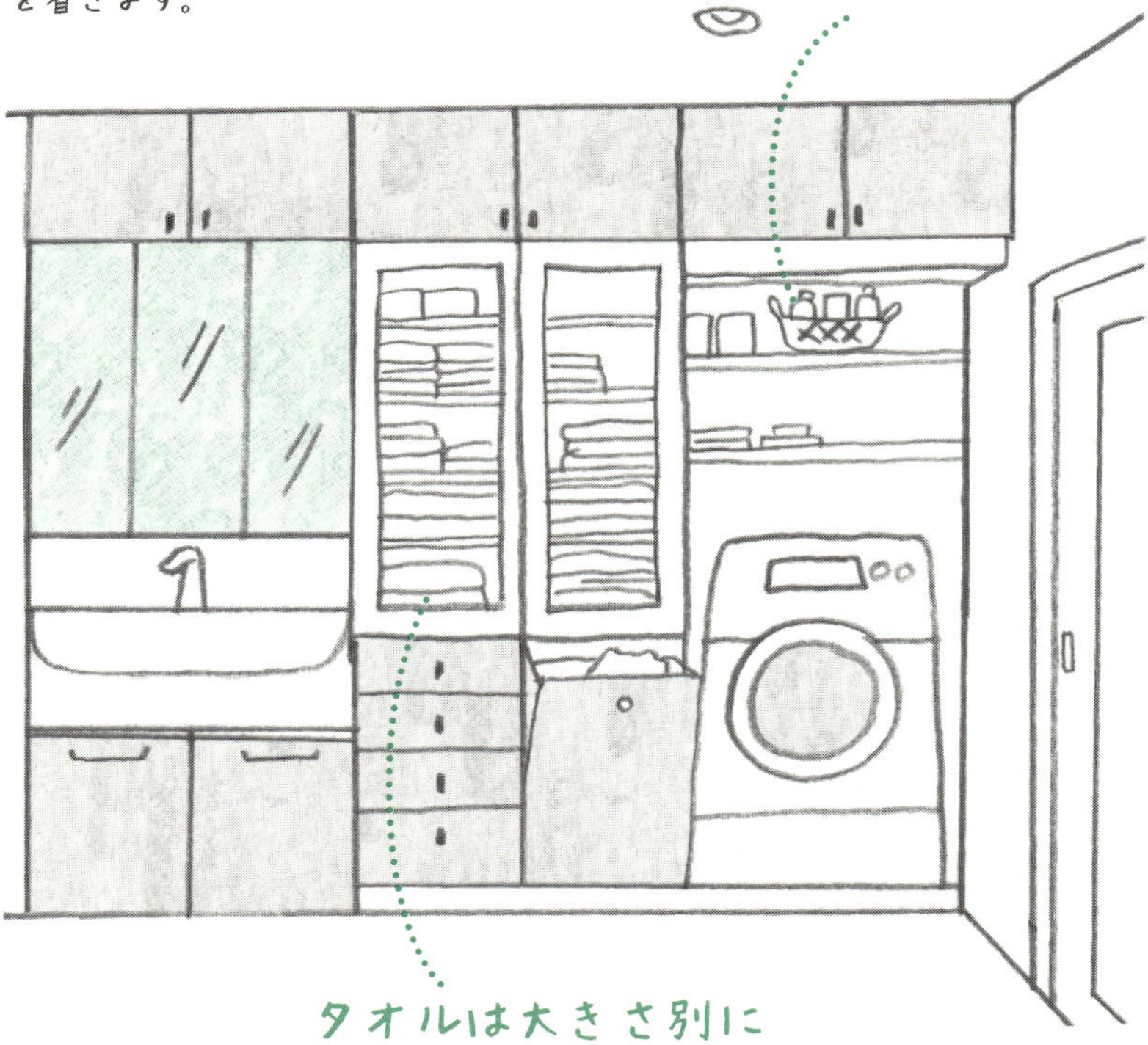

タオルは大きさ別に

浴室で使うタオルは、脱衣室に、サイズ別にたたんで収納されているのが一番使いやすいです。

浴室の収納は一体化する

脱衣室に洗面台や洗濯機・乾燥機と収納があれば、メンテナンスと収納が一連となり、その場ですべて完結できます。とはいえ、狭いスペースに何から何まで押し込むのは快適とは言えません。まずは、洗面所・脱衣室のよりよいインテリアを優先しましょう。

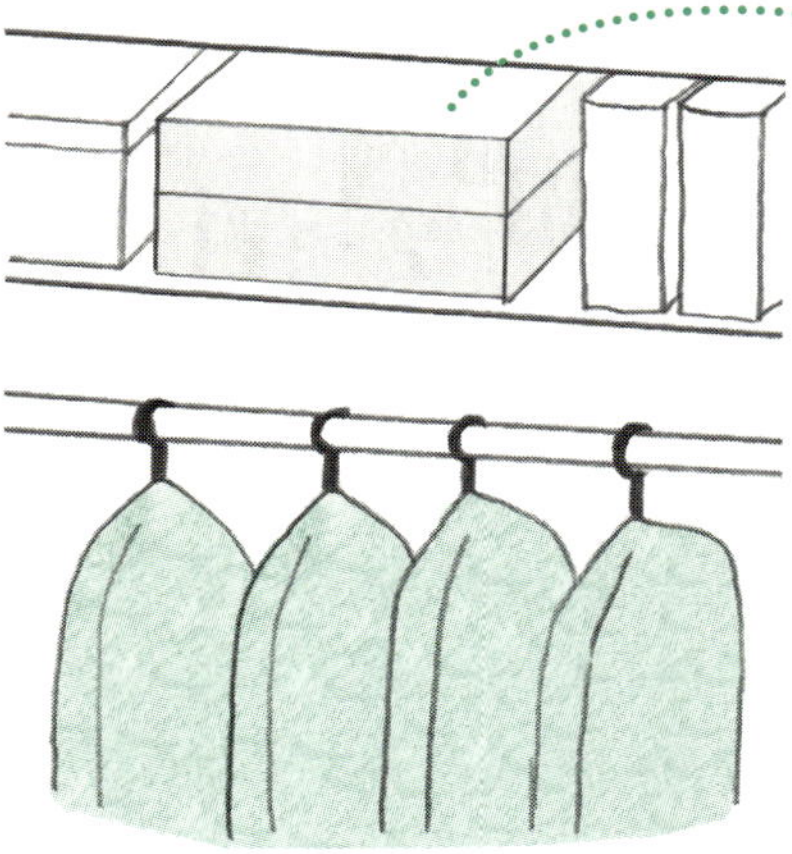

かさばるモノは上部に

クローゼットの上部は取り出しにくいスペースですが、羽毛布団など、軽くて大きなモノを収納するにはぴったりです。

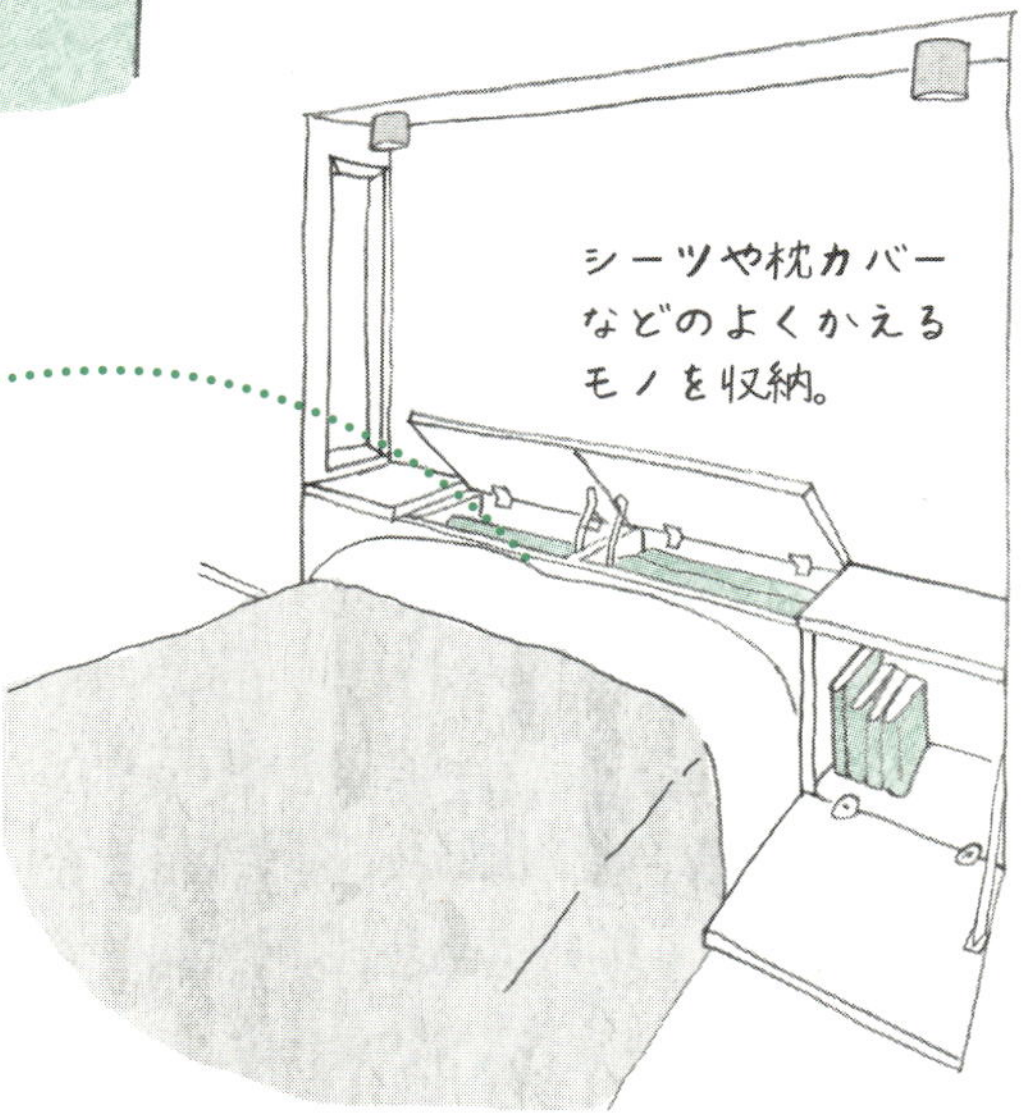
シーツや枕カバーなどのよくかえるモノを収納。

ボックス型の隠れた収納を活用

ベッドヘッドやベッドフットなど、寝室のインテリアに収納ボックスを組み込めば、リネンの収納とは感じられない工夫ができます。

寝具の収納を工夫する

シーツ・毛布などの寝具は、寝室に収納しておけばすぐに使えますが、手元にある必要はありません。毛布などのかさばるモノはクローゼットの上部に、シーツやピロケースはチェストに収納しましょう。寝室のインテリアに上手くボックスを組み込む工夫もよいでしょう。

6 本やデータの収納

本や写真・映像などのデータの収納は、管理を徹底しないと煩雑になりがちです。本の収納は規則性を持たせて収納場所をわかりやすくし、データの収納はなるべくスペースをとらない工夫をしましょう。

ホームライブラリーで収納・管理・使用を一元化する

本好きの人にとっては、書籍の収納は大きな課題のはず。ホームライブラリーを作りましょう。家族全員で使える書斎兼図書室のようなものです。そうすると、部屋が収納と管理・使用を同時に行う場として生かされます。

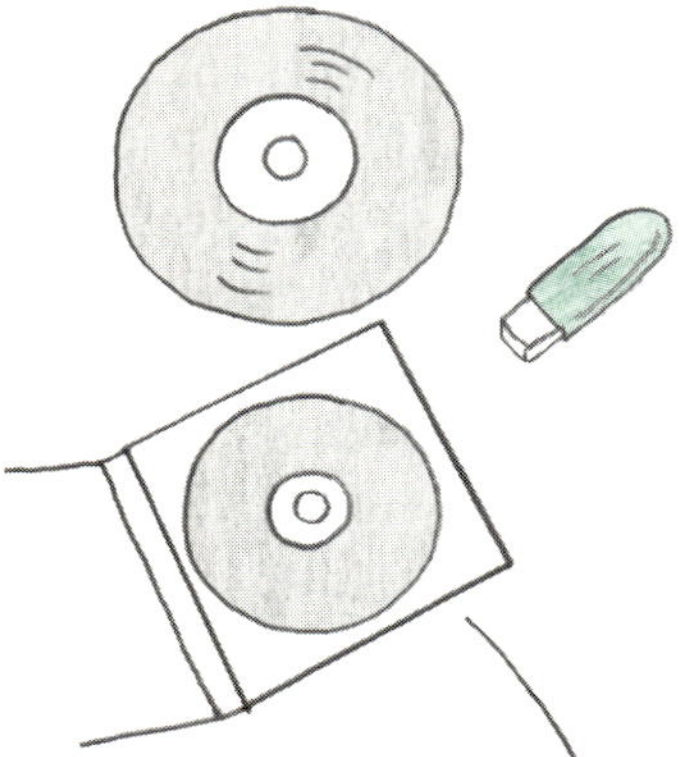

データ化でコンパクトに

過去の写真やホームビデオは、DVDやUSBなどにまとめることでコンパクトにできます。そうすることで、スペースを圧迫することなくホームライブラリーに収納できます。

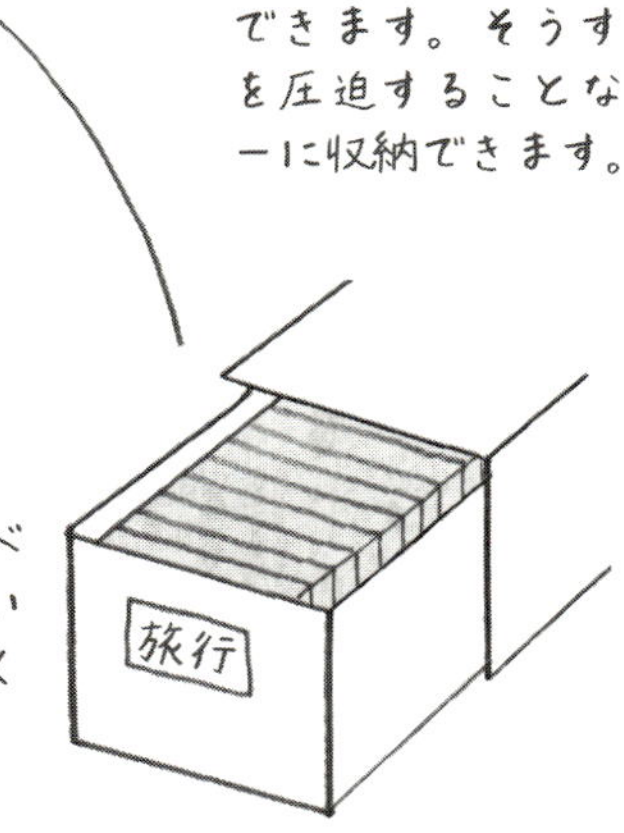

収納ボックスにはラベルを。ジャンルを書いておけば、探しやすくなります。

五十音ごとに仕切りを入れておくと探しやすくなります。

図書館スタイルで美しく

ホームライブラリーは寸法に一定の規格があるものですから、棚の奥行き・高さなど、すべて収納物のサイズに合わせます。図書館の分類にならって整理しておけば、実に気持ちよく、必要なモノを取り出せます。

7 内側も美しく

一見部屋が片付いて見えても、収納スペースの内側が煩雑だと意味がありません。収納の目的は、モノを出し入れしやすいことと、住まいの空間を美しく保つこと。収納に「飾る」という意識を持つことで、快適な空間が生まれます。

カゴでまとめる

思いついたときにすぐ使いたいモノは、カゴに入れて収納すると見た目にも美しく、使いやすくなります。持って移動したいモノは、手持ちつきカゴに入れます。

扉の内側も美しく

扉を開けて見たとき、中のモノが美しく並んでいると、気持ちがよいものです。扉で見えなくなっているから内側はどうでもよいと思いがちですが、美しくない状態というのは、取り出すにも手がかかる状態ということです。扉の内側も美しく飾ることを考えましょう。

箱でまとめる

細々としたモノを美しい箱にまとめて収納すると、見た目にも美しく使いやすくなります。また、リビングなどでも箱が美しければ、そのまま出しておいても見苦しさはありません。

取り出しにくいと億劫になってしまいがちなハンディグッズ。取り出しやすい場所に置くのがポイント。

おそろいの箱に

つめかえ用品などの生活感の強いモノは、おそろいのボックスに入れることでスッキリとした印象になります。

ベビーグッズもカゴに入れて美しく

いつどこで必要になるかわからないベビーグッズ。これさえあればいいように、セットを作ってまとめて収納しておきましょう。

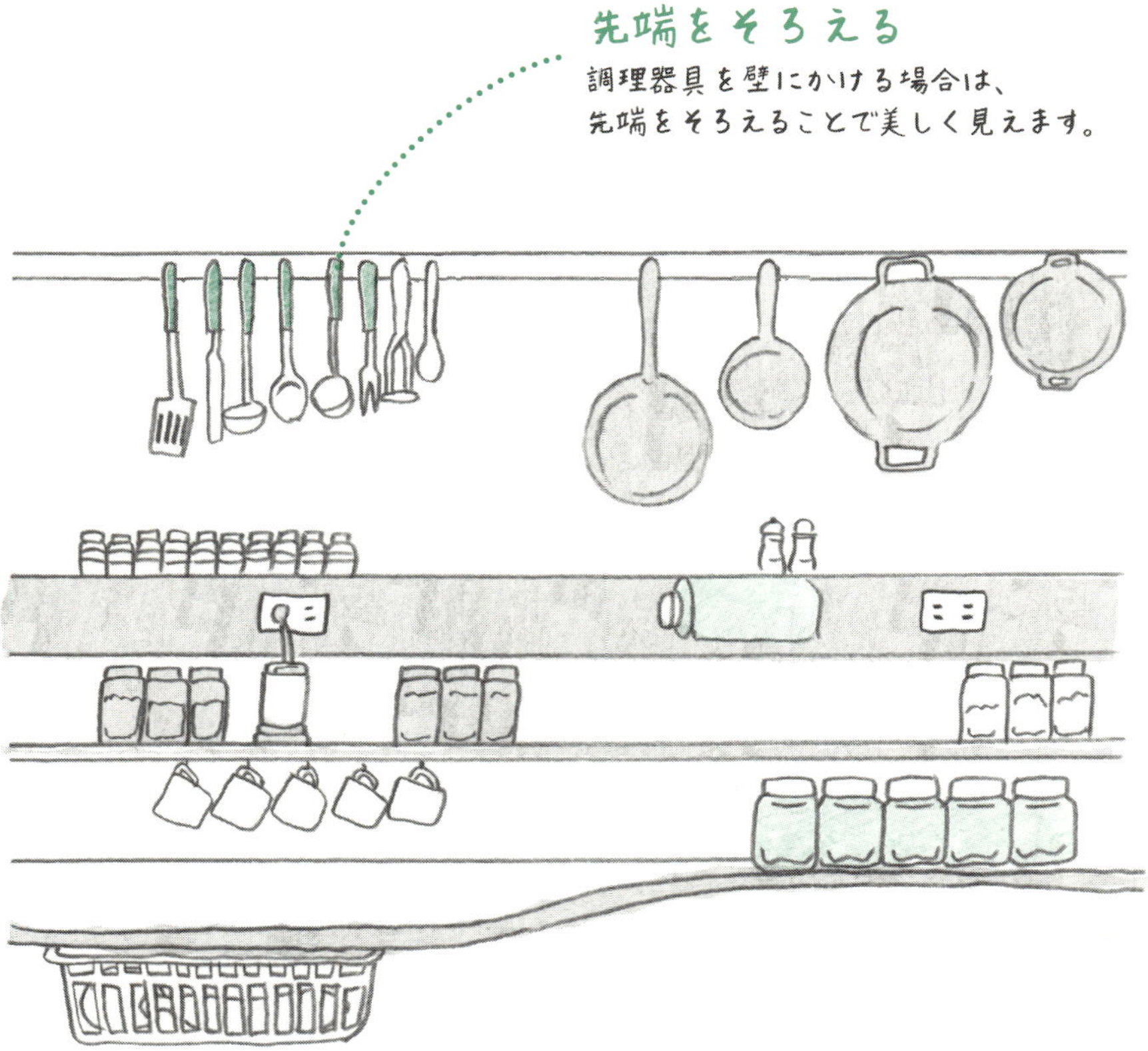
先端をそろえる
調理器具を壁にかける場合は、
先端をそろえることで美しく見えます。

キッチンの中も美しく

キッチン用品を壁にそのままかける方法も、機能的で、それなりの機能美があります。美しくかけることで、壁の装飾と言えないこともありません。ただしその場合は、常に道具を清潔に保つようにしましょう。

大切にする意識

ガラス扉の向こう側のモノは、注意して、丁寧に取り出す必要があります。それは、モノを大切にする意識につながっていきます。

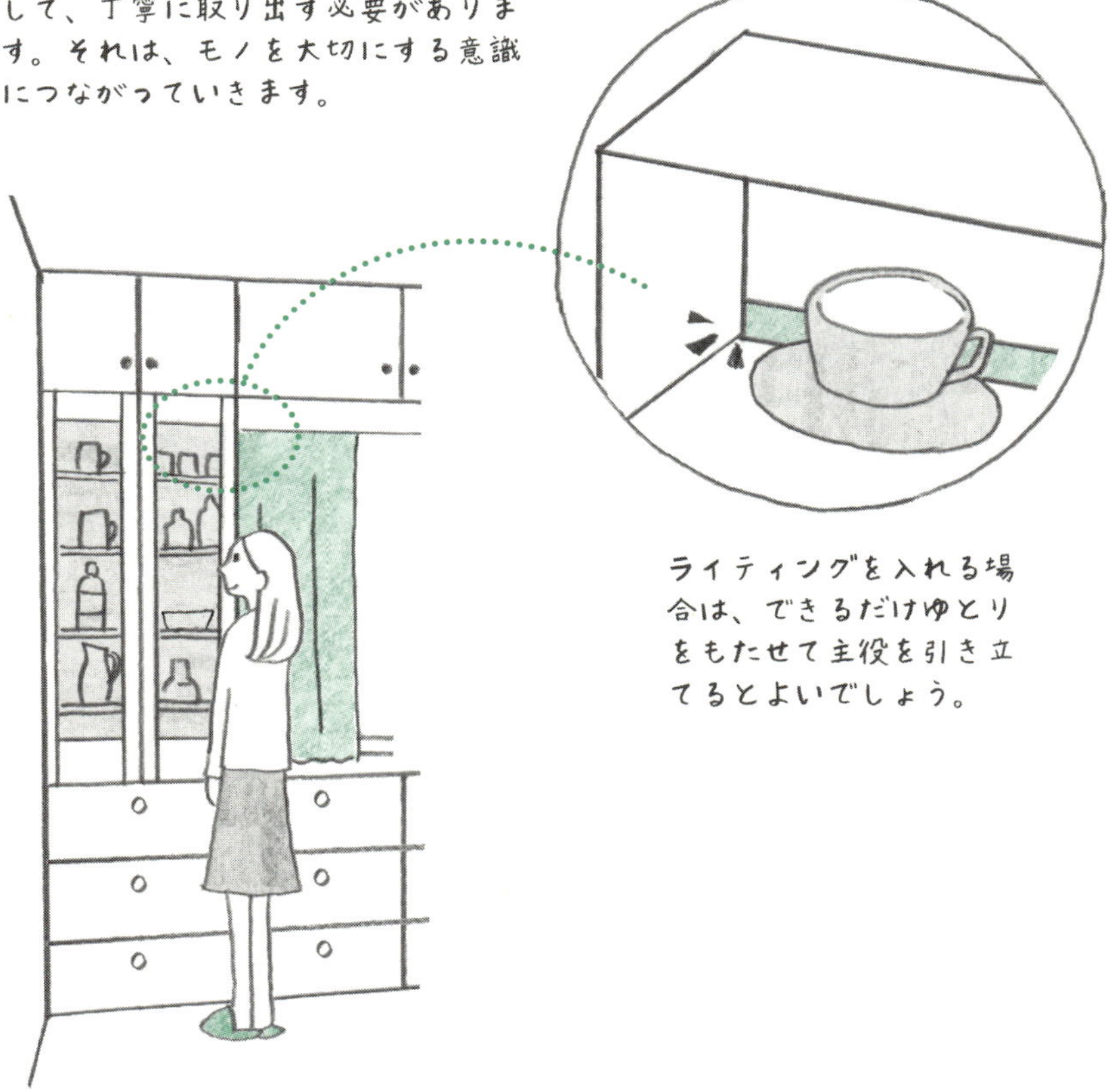

ライティングを入れる場合は、できるだけゆとりをもたせて主役を引き立てるとよいでしょう。

ガラス扉で美しく

リビングやダイニングの収納の一部をガラス扉にするなら、それは飾る、見せるということです。ライティングを内蔵すれば、さらに美しさは増すでしょう。モノを取り出すための工夫は、ブティックのショーケースなどの工夫と共通します。

Column

そこにあるモノは
あなたが選んだモノ

食器ひとつとっても、すべて引き出ものやノベルティで足りてしまうので、自分で選んだ食器はひとつもないという方がいます。しかし、たとえそうであっても、やはりそれはあなたが選んだモノなのです。

モノに対して責任を持つ

たとえば、「別に、わたしが頼んであなたに産んでもらったわけではないわ」などと言うのは、反抗期の子どものセリフ。責任ある大人のセリフとは言えません。親は子どもを選び、子どもは親を選んで生まれてきたと考えてみると、納得できることはたくさんあります。身の回りのモノについても同じこと。所有し使っている以上、あなたが選んだモノなのです。

Chapter 3

ライフステージで収納を考える

収納計画もライフステージが進むにつれて変化していきます。生活を共にする人が増えれば、それだけ収納物も増えていくからです。ここからは、それぞれのライフステージによって、大切になるモノと収納が違うことを意識しましょう。

1 ベビー時代

「えっ、赤ちゃんのうちから収納？」そう思う人も多いかもしれません。収納に対する感覚は、赤ちゃんのうちから育てることができるのです。

「使ったら、しまう」収納計画は生まれた瞬間から始まる

収納計画は、生まれた瞬間から始まります。

生まれてすぐの赤ちゃんは、親が与えるモノ、周囲の人々がくださったモノに囲まれて人生をスタートします。しかし、しばらくすれば赤ちゃんなりにその環境とモノの中からお気に入りを見つけるため、そのモノが増えると共に収納が必要になってきます。

たとえば、よちよち歩きが始まるころには、おもちゃが入ったボックスを自分で使うようになります。「遊んだら片付ける」という整理整頓の習慣は、この時期から学習することができます。

子どもがいると、確かに部屋は汚れます。けれどそれと片付けができないのは別の問題です。子どもは、実は清潔な環境が好きですが、それを保つ能力を身につけていないのです。ですから、まだおむつが取れていない段階から、その能力を育てるのは保護者の役目であり責任です。

人生も収納も最初が肝心。後天的な感性の育成作りからスタートします。

ベビーダンスとベビーベッド

この２つの使用期間は極めて短いため、どなたかから譲り受けるのがよいかもしれません。しかし、赤ちゃん部屋のインテリアを考えるのも捨てがたいものです。正解はひとつではありませんから、精一杯悩んでください。

お母さんが片付ける姿を見て、子どもは片付けることを覚えます。子どもはまねるのが好きなのです。

トイボックス

赤ちゃんの最初の収納であるトイボックスは、学童期まで中身を変えながら使われます。安全・丈夫で、シンプルなトイボックスを選びましょう。

早い段階から片付ける習慣を作るには、ふたのないトイボックスを用意しましょう。

2 子ども時代 その1

子ども部屋の片付けは、ただやみくもに捨てるだけではいけません。子どもに選別させ、整頓を覚えさせていけば、学年が上がるにつれて増えていく持ちものに対応していけます。

成長と共にモノは増え続け、モノが感性を育む

幼稚園に上がるころから、子ども自身の持ちものが増え続け、それは小学校、中学校、高校と成長するにつれ加速します。収納は、短期間に変化する状況に対応する必要が出てきます。部屋を与えておけばすむ問題ではありません。

子どもはモノと共に成長していきます。モノと空間が子どもに与える影響は、多くの人が思っている以上に、おそらく学業から得る知識や、両親の教え以上に大きいのです。

子どもがもういらないモノだと思って保護者が捨てようとすると、子どもが怒ったり悲しんだりすることがあります。本人の許可なく捨てることができないモノが増えていきますので、子どもに収納の訓練を与えます。本人に収納できる量を納得させて、捨てるモノと取っておくモノを選別させます。

選別だけでなく、整理整頓の原則も教えます。本や学用品が必要なときにすぐ取り出せるようにするためには、普段の整頓が鍵になります。

学用品

小さな学用品の収納はデスク脇のチェストで十分です。子どもはそこに宝ものを入れたがりますが、収納場所は別にしましょう。

収納への目覚め

小学生になるといろんなことに関心を持ち始め、自分でモノを持つようになり、そこから多くの知識や価値観を学びます。このころから収納に関しても意識し始めます。

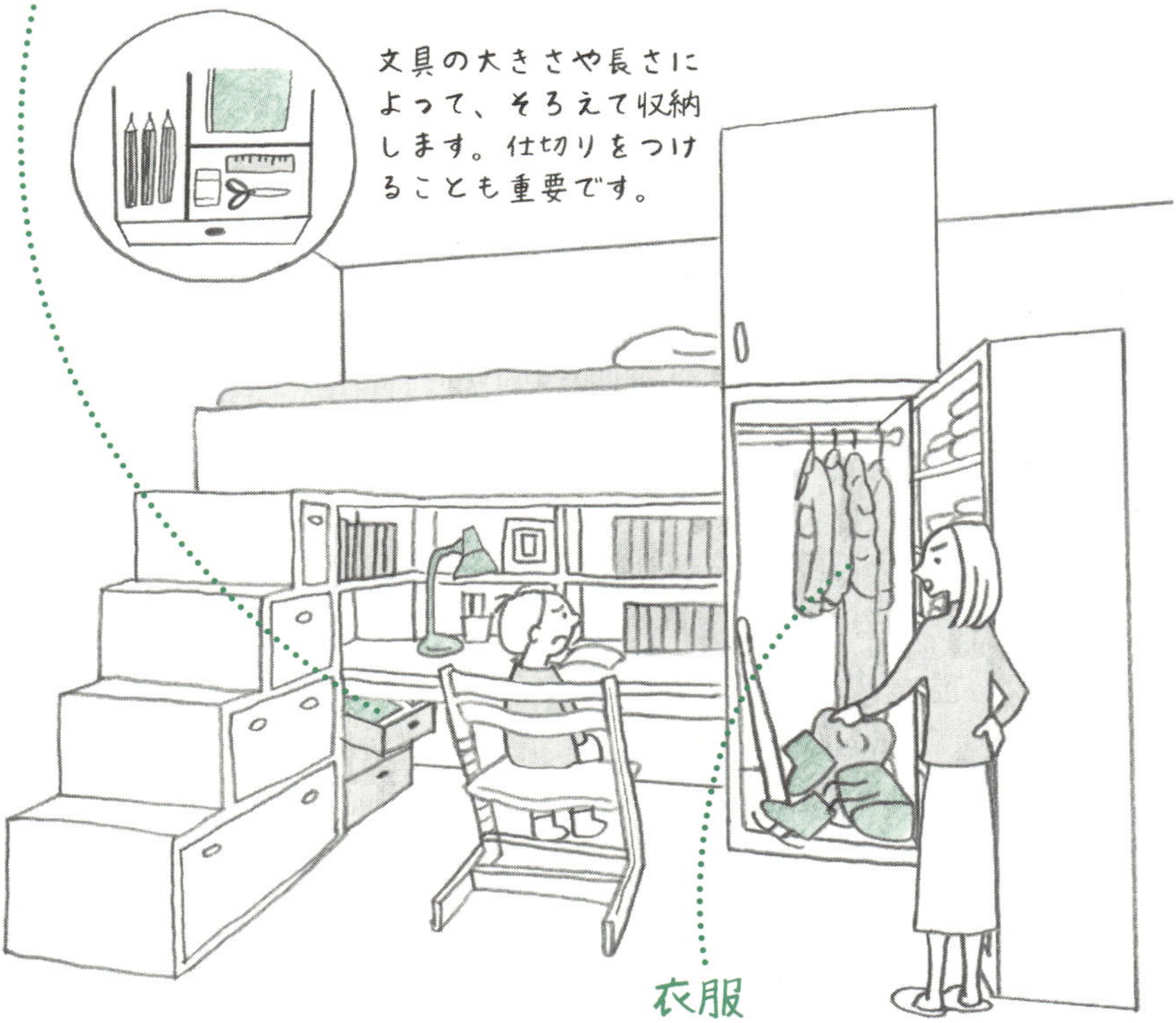

文具の大きさや長さによって、そろえて収納します。仕切りをつけることも重要です。

衣服

制服をはじめ、一人前に衣装持ちになりますが、決めた収納以上に枚数を増やさないように注意しましょう。

子どもはモノを集めるばかりで収納を後回しにしがちです。その都度注意して、いらないモノを納得させたうえで処分させます。

3 子ども時代 その2

収納を親と共に考える機会は、実はとても貴重なもの。意識的にきっかけを与えてあげましょう。大事にしているモノについて考えることを通して、子どもの心も育ちます。

収納について考え、学ぶ

子ども時代に、収納を親と共に考えるチャンスがある子どもは幸運です。親にとっても、子どもの自我の目覚めを受け止めることができます。子どもの希望やアイディアを聞きつつ、親が問題の解決と結論を出しましょう。

その話し合いの中で、子どもにモノと自分との関係を考えさせます。自分が何を、どういう理由で大切にしているのか、その大切なモノをどのように扱い、今後どう扱っていくつもりなのか。モノを手に入れたら生じる責任について、子どもなりに気づくよう、親が導くのです。

また、寸法という概念がわからないような幼い子どもでも、本が何冊自分の棚に入っているのか、おもちゃ箱の大きさがどのくらい入るものなのか、それらを体験的に知っていくことで、長さや大きさに対する身体の感覚が養われます。

モノについて考える機会

親と収納について考えることで、モノが自分にとって大切だと感じ取れるきっかけになります。それは、心が優しくなる始まりでもあるのです。

大きさ・長さなどから、実際に使用するイメージを持ちましょう。子どもと共有することで、収納への意識がより強まります。

どうしてそのモノを大切にしたほうがいいのか、認識させましょう。考えさせることで、大切にする意識は芽生えます。

4 独立のとき

子ども時代の持ちものは、主に親が与えてくれたモノでした。独立により、自分でモノを選び、収納していく生活へと変わっていきます。

自分自身の人生と収納生活の始まり

自分の意志と責任のもとにモノとの関わりが始まるのが、独立のときです。実家を離れるときに持って出るモノは、自分の意志で選んだモノ。自分とモノとの新しい関係の始まりです。

人が人生で何に価値を置いているのか、その人の持ちものを見ればわかります。そのために、精神的に豊かな人になるために必要な文化が何かを考え、これからの人生で所有していくモノの方向づけをします。実家に自分のモノを残してくるのは、自立に責任を持たない姿勢の表れです。

自分で選ぶモノは、自分の価値観、美意識の表れです。どんな空間でも、そこでの生活を美しくすること、居心地のよい空間を作ろうとする意識が大切です。モノに対する美意識が、モノが存在する空間にも及ぶようにしましょう。つまり、広さに合わせてモノを持ちます。

また、生活の中でのモノとの関わり方は、その人の今後の生活に対する価値観となり、将来の収納のあり方の決め手となります。

家を離れるとき、何を持っていくかを決めることは、自分の価値観や美意識を再確認する機会になります。誰かに任せず、自分で決めることが重要です。

生活を見つめる

現在の空間とそこでの生活行為を、常にもう一人の自分から客観的に見つめてください。誰からも指摘されることはありません。自分で考える機会を作ることが大切です。

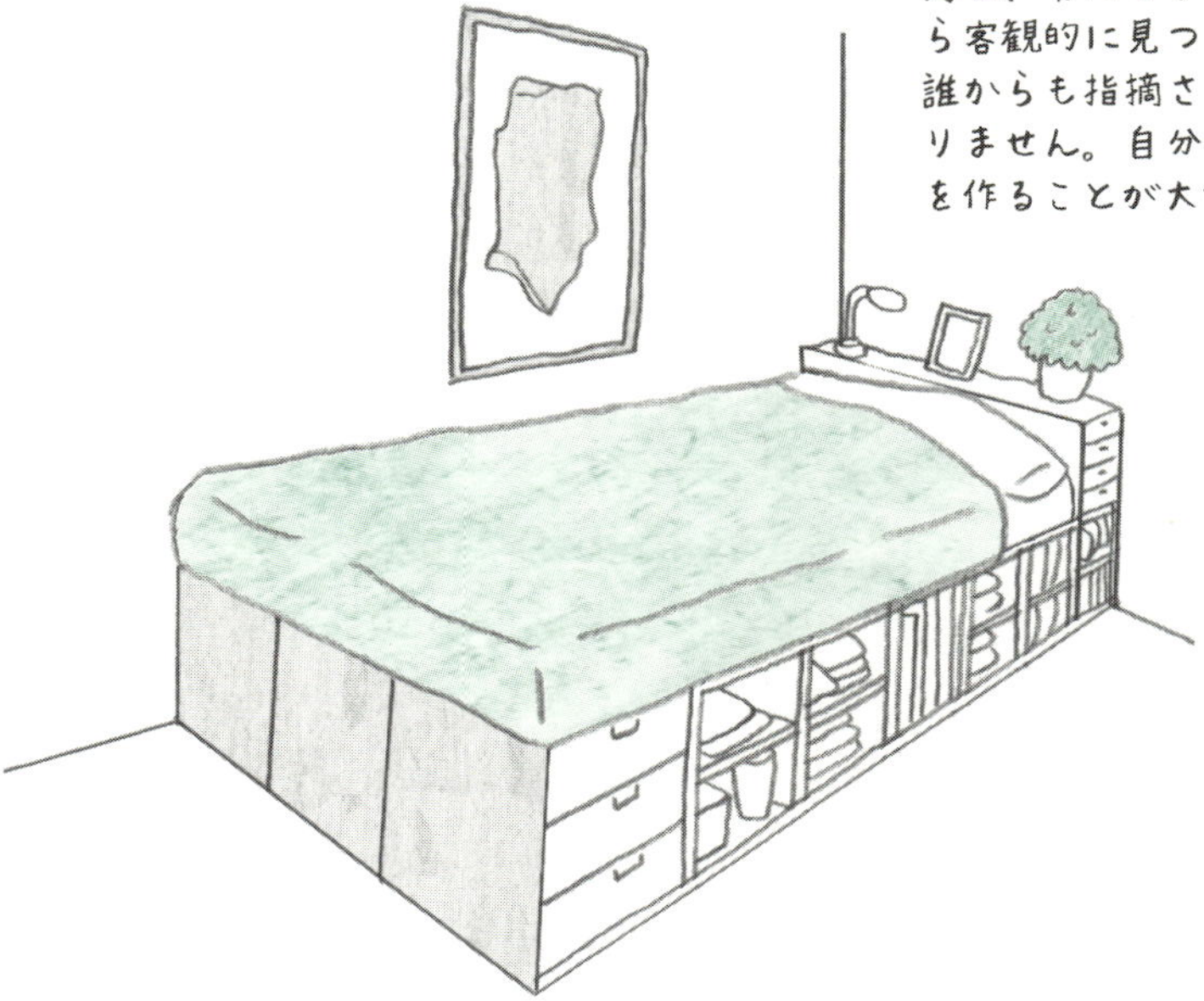

5 結婚

新しい生活で必要なモノは、パートナーと合意の上で。
できれば上質のモノをそろえると、心も豊かに過ごすことができます。

新生活のスタートに必要なモノ

結婚後の新生活のスタートは、生活を共にする人との合意のもとに、その内容を整えていく楽しさがあります。それまで異なる環境で過ごしてきた者同士が、まったく同じ意見を持つことは滅多にありません。

この場合、リーダーシップを発揮することになるのは女性でしょう。女性が計画を立て、必要なモノを整えていく段取りをつけ、同意を得ましょう。なぜなら、生活をきめ細やかに考えることに対する興味も能力も、女性のほうが高いからです。もちろん、人によって違いはありますが。

新生活に必要なモノをそろえる際は、できるだけ上質のモノを選ぶとよいでしょう。普段から上質のモノを使っていれば、お客様用を別に用意する必要もありませんし、長い間使えます。また、上質なモノは心を安定させます。生活を豊かに、自信を持って過ごすことができるでしょう。

食器は最小限に

自分のこれと思うモノを、必要な分だけ持っていればいいのです。できれば基準にするのは、クリスタルのグラスと白磁のプレート、スターリング・シルバーのカトラリーです。

ホームリネン

リネン類は生活に豊かさをもたらします。手入れや収納行為の手間ひまこそが、自分をリフレッシュさせる豊かな時間なので、長く使えるモノを選び、大切にしましょう。

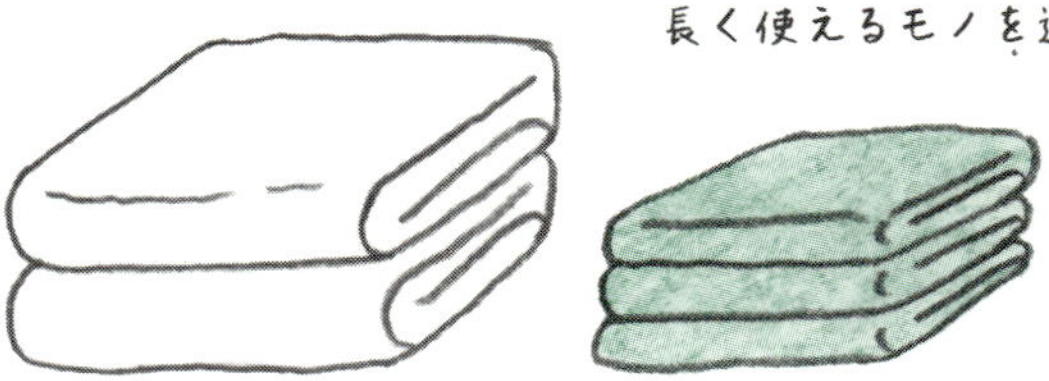

チェストと箱

収納に関しても未知な部分の多い新婚生活。比較的コンパクトなチェストと箱は、ライフステージにおいて役割を変えながら、さまざまな目的で使用できます。

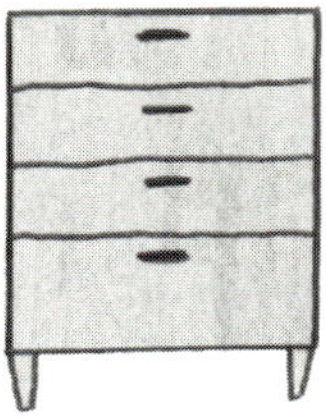

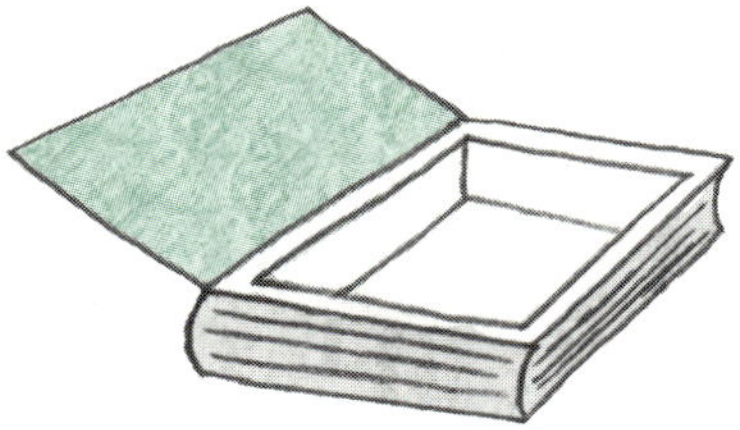

箱のデザインにこだわるのもよいでしょう。収納が楽しくなります。

6 人生の充実のとき

家族の歴史が刻まれるにつれ、生活空間にモノは増え、収納に対する本格的な取り組みが必要になってきます。そのためには、自分の中で基準を持つことが大切です。

収納を充実させ、居心地のよい空間に

家族が増えることとは、モノが増える要因ですが、それだけが原因ではありません。それは、家族の成長と共に財産とも呼べるべきモノも増えてくるからです。増え続けるモノに対して、まずはそれを管理するという姿勢を持ってください。モノが増えることを人のせいにせず、モノの多さをなげかず、収納システムを考えましょう。

いろいろな収納方法がありますが、収納は空間を心地よいものにするためにあると考えるのが、本当の住まいのプロの収納法です。収納するモノを管理することが特にこのライフステージの特長と言えます。

モノの必要性の度合いと、空間をより美しく整えること。収納に対する自分なりの基準を持っていれば、迷いなく最良の方法を選ぶことができます。家族全員が自分のスペースでのモノの管理をおこたらないようにしましょう。

みんなのための収納

家族みんなが快適に生活できてこその収納です。奇抜な収納術ではなく、誰もがわかりやすいシンプルな収納法こそが、暮らしやすい空間を作ります。

家族が増えると、当然モノも多くなります。片付けは家族全員の仕事とすることで、自分たちの家の収納スペースについて認識できるようになります。

自分だけが収納場所を知っていても、意味はありません。所定の位置を定めてルールを守りましょう。

生活行為に基づいた収納ルールなら、すぐに習慣づけられるはずです。

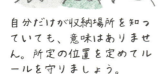

7 ラストステージ

最後の時間は、自分にふさわしい最上級のモノだけを選びます。そのことを、周りの大切な人たちに気づいてもらうことが、人生のしめくくりにふさわしいでしょう。

自分を満たしてくれるモノと暮らす

ラストステージでは、モノの再編成をしましょう。自分が美しい空間、美しいと考える内容について、現状を踏まえたところで組み立てるのが、再編成です。不要なモノは手放し、生かしきれずに持っているモノは生かし方を考えます。

人生は、モノと共に歩んでいます。自分の身近に存在しているモノを見て、これが自分なのだと愛おしく感じられたり、苦々しく思いながらも認めたりできる自分でいられれば、その人の人生は自由です。モノから自由になることがラストステージです。

多くの人が望むのは、自分を満たしてくれるごく少量のモノを残して、シンプルに暮らしたいということです。自分の周りに集まってくれる人たちに、モノや空間をなかだちに、自分の持つ美意識を伝えることができたとしたら、それこそが周囲の人たちの心の中に残る生きた証になるのではないでしょうか。

洗練されたモノを持つ

自分たちが、本当に大切にしている空間や時間がはっきりしてきます。だからこそ、余計なモノを必要とせず、洗練されたモノを持つことが可能になります。その美意識は、きっと周りの人にも伝わるでしょう。

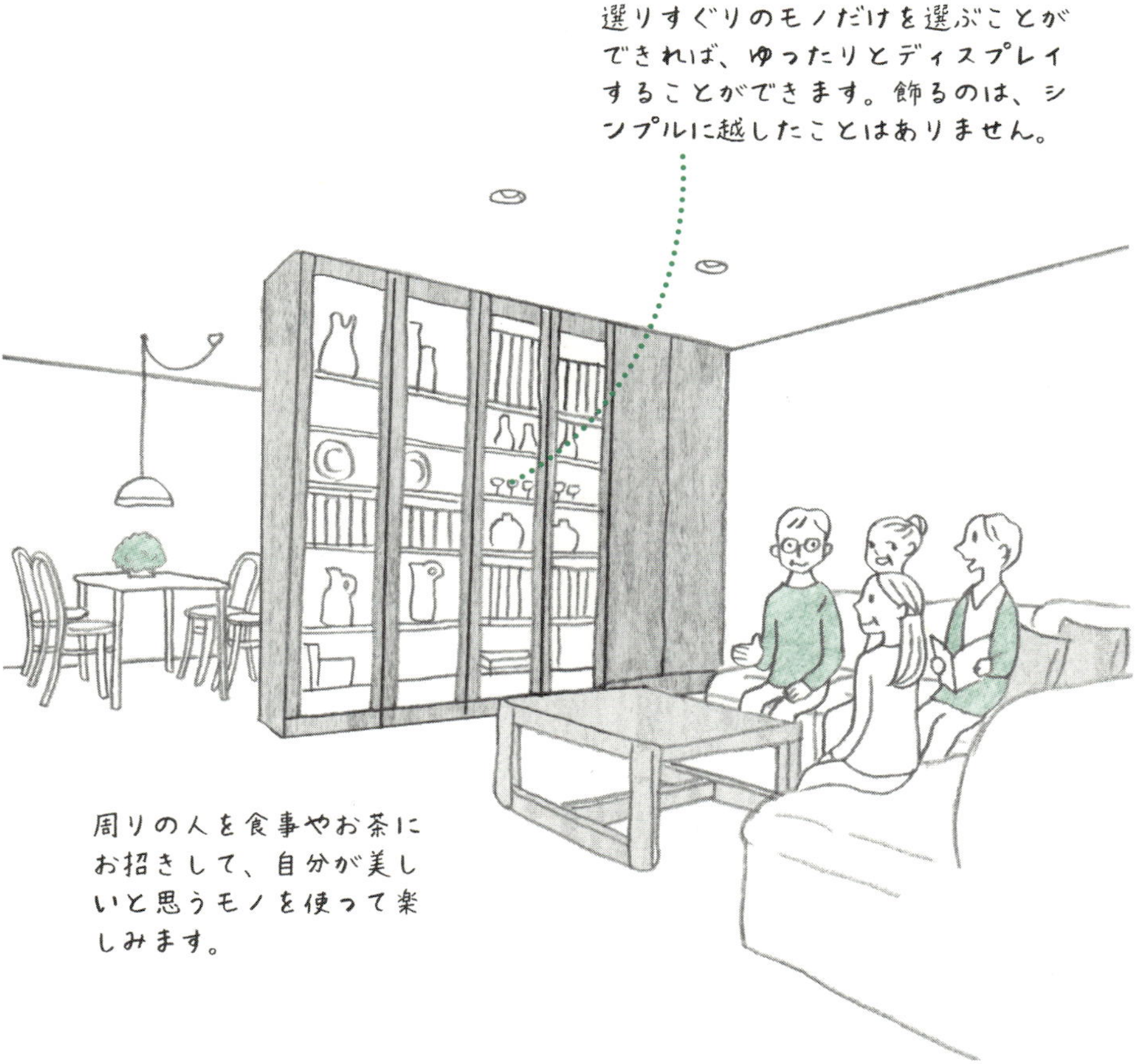

選りすぐりのモノだけを選ぶことができれば、ゆったりとディスプレイすることができます。飾るのは、シンプルに越したことはありません。
周りの人を食事やお茶にお招きして、自分が美しいと思うモノを使って楽しみます。

Column

美しい収納・美しい人生

人生計画がいろいろと複雑な問題を抱え込んでいるように、収納計画にも複雑な要素が混じり合っています。これをシンプルに解決することができれば、それは美しい収納・美しい人生と言えるでしょう。

シンプルについて考える

大切なのは、生活行為に合った合理的な収納を見つけ出すことです。合理的な収納とは、シンプルな収納です。便利そうな収納機能に興味が引かれても、使いこなすことができなければ意味がありません。収納計画において大切なのは、考えすぎず、工夫しすぎず、シンプルに美しい空間を目指すことなのです。

Chapter

4

タイプ別
収納コンサルティング

どうして収納の上手な人と苦手な人がいるのでしょう？モノとの関わり方は人によってさまざまですから、自分に合った収納計画を考えないとうまくいきません。自分のタイプを知ることは収納計画の第一歩です。

タイプ別収納

収納を考えるうえで、自分の性格を知ることはとても重要です。
自分を理解してモノとのつき合い方を工夫していきましょう。

収納は人とモノとの関わり方が反映される

モノ選びには、まずそのモノの特質を把握することが必要です。どのように関わるべきモノかを十分理解し、自分がそのモノとどのように関わっていくのかを見極めて、選びます。

たとえば、長く使いたいと思うモノは、単純な機能を持つモノがよいでしょう。この場合はまめに手入れをすることで長く使うことができます。便利な新製品は、身近な場所に、出し入れのしやすい状態で収納すると頻繁に使うことができます。美的な価値のあるモノは、その美しさにふさわしいところに収納します。

つまり重要なのは、何のためにそれを持っているのか。目的に応じた関わり方があります。その関わり方を間違えてしまうと、モノは無用の長物と化してしまうのです。ここからは、モノとの関わり方のタイプ別に、自分自身を見つめ直していきましょう。

出したままで平気な人 → P80

使うのが惜しいと考える人 → P82

あなたのタイプは？

TYPE
3

集める だけで
整理しない人
→ P84

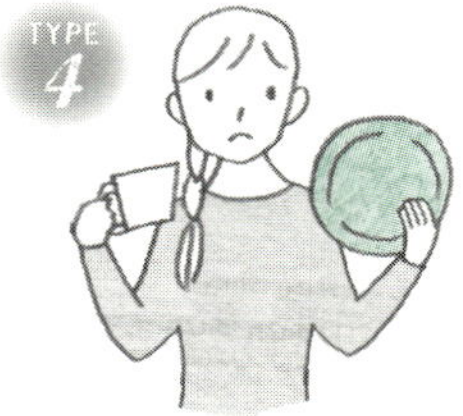
TYPE
4

いただきものを
捨てられない人
→ P86

TYPE
5

捨てることに
罪悪感を持つ人
→ P88

TYPE
6

モノが豊富にないと
不安な人 → P90

TYPE
7

収納方法を
なかなか変えようとしない人
→ P92

TYPE
8

美に対する感性の
鈍い人 → P94

TYPE
9

優柔不断な人
→ P96

TYPE
10

人のせいにする人
→ P98

TYPE 1 出したままで平気な人 すぐ片付けないではいられない人

モノを出したまま、すぐにしまわず「後で」と考える人、「出しておけば次に使うときに便利だから」と考える人は、いつかモノに埋もれてしまいます。そんな人は、しまう必要はありません。

出したままにする人は、片付けるときは徹底的にやろうと思っています。ところが、時間がかかるので途中でやめます。そして、次の機会までモノが溢れた状態が続きます。

本人は、自分で管理しているモノは、どこにあるのかすぐにわかると自信いっぱいなのです。そういう人は、無理に収納する必要はありません。出したままでいいのです。その代わり、すべて美しいモノに統一すること。自分のひとつのテイストで統一されたモノは、収納されていなくても、決して見苦しくはありません。収納の目的は、空間を美しい状態にすることですから。出したままでも美しいのなら、そのままでいいのです。ただし、紙類の整理整頓はパーフェクトでなくてはなりません。

一方、すぐに片付ける人は、面倒なようで時間はかからず、次に使う人が探す手間を省けるということを知っています。本当は、すぐに片付ける習慣を身につけるのが一番の収納術なのですが……。

ただ出したままは禁物

出しっぱなしが便利に思えても、それは美しい空間を犠牲にしている場合が多いのです。特に紙類が出ていると美しくありません。

習慣こそ収納術

出しっぱなしにすることが気持ち悪くなってくると、それは片付けが習慣になっている証拠です。習慣になるまで、意識して片付けることが大切なのです。

TYPE 2 使うのが惜しいと考える人 次々に使う人

モノをしまい込む人は、「しまう＝モノを大切にしている」と思っていませんか？　その考えは実は勘違いではないでしょうか。

モノを有効に生かすことを考える人というのは、モノを上手に使う現代的な感覚の持ち主です。収納に無駄なスペースを残すことや、収納からモノが溢れてしまうことはありません。

一方、しまい込んで使わない人がいます。モノを使うのを惜しく感じてしまう人です。モノをとっておくのが好きなのでしょう。モノを大切にしているという勘違いをしているのかもしれません。

確かに、モノは使えば壊れたり傷んだりします。でも、使うということは、丁寧に扱うことです。モノには寿命がありますから、傷むことは避けられませんが、どの程度使うかの限度をモノに応じて考えればいいことです。

しまいこむ人の収納は、容量がすべてです。どうしても惜しくて使えないのなら、大容量の収納を設けるしか方法はありません。いくらあっても足りないと感じるとは思いますが。

とにかく しまっておく人

しまうことでモノを大切にしていると感じる人は、収納スペースばかり圧迫されて、生活にモノが活用されません。それでは、快適な生活を目指す収納とは言えません。

次々使う人

モノを使うことを前提に収納を行えば、収納スペースも適したものになっていきます。機能性を考えることにもつながっていくでしょう。

TYPE 3 集めるだけで整理しない人 集めて整理する人

趣味の品は、ただ集めているだけでは他人から見ると、ただのゴミに見えてしまいます。いかに美しく、自分のコレクションを見せるか。収納のヒントはそこにあります。

趣味の品を集めて、分類したり、資料を作ったりして整理するのが好きな人がいます。いわゆるコレクターです。そういう人は、どのように見せたらコレクションのよさが生かされるのか、そのコレクションにふさわしい収納を考えればいいでしょう。

そのモノ自体に価値のあるコレクションの場合はもちろん、落ち葉や石ころなど、他人から見たらただのゴミにしかすぎないようなモノのコレクションの場合も、他人の目にもある程度の納得や感動が起こせるかどうかは、整理法や見せ方次第なのです。

一方、集めるだけで整理しない人もいます。それは、本人がいくらコレクターだと自称したところで、貯め込む人と同じです。たとえどんなに価値のあるモノであっても、そのモノに興味のない人からすれば、ただの奇妙なゴミ収集家にすぎません。

自分のコレクションが、どのようにすれば最も美しく、他人から見ても賞賛に値されるモノになるのか。知恵を絞ってみてください。

お宝も、重ねたり、並べすぎたりは、見苦しさの積み重ねにすぎません。逆に、バランスよく並んでいると、何でもないモノが美しく見えます。

コレクションは見せてこそ

いくらお気に入りのモノを集めても、それがどこかにしまってあるだけでは持っている意味がありません。特に実用性のないコレクションは、ディスプレイすることも念頭に入れて集めましょう。

見せ方を考える

ガラス扉の収納は、コレクションを美しく見せてくれます。棚の上に置くよりも、汚れず傷まず美しく見えます。

TYPE 4 いただきものを捨てられない人 迷いなく処分する人

いただきものが好みの品ではない場合、しまい込んでいませんか？　捨てるべきか取っておくべきか。心を傷めながらでも、しっかり決断します。

家の中のモノが増える原因のひとつに、いただきものが捨てられないということがあります。大切な人からの大切な贈りものだけでなく、粗品や引き出ものなどがとにかく捨てられない。

自分とモノとの関わり方、贈り主と自分との関わりなどさまざまな関係の中での判断が求められますので、一概に処分したほうがいいというわけではありません。しかし、何も考えずにいただきものだからという理由でそのままにしておくのは、使わないで貯め込むのと同じことです。処分しない場合には、上手な生かし方を考えることが大切です。

一方、処分できる人もいます、本当はまったく平気なわけではないのです。いただいたことに感謝しつつも、それ以上に、自分にとっての必要性やテイストにそぐわないモノが空間に溢れてしまうことに耐えられない人です。そういう人は、まず自分で選ぶわけではないモノが、なるべく自分のもとに集まらないような姿勢をとることです。

いただきものと向き合う

いただきものは処分しづらいものです。ただ、邪魔だと思いながら取っておいても、モノも贈り主も喜びません。贈り主の思いに感謝して、ときには手放すことも大切なことです。

相手を尊重してモノを贈る

相手にモノを贈るときも、相手の生活にそれがふさわしいかどうか考えるようにしましょう。贈りものを大切にしてもらうのは嬉しいことです。ですが、プレゼントをどう扱うかは受け取った人の意志にまかせましょう。そして差し上げたモノのことは忘れましょう。

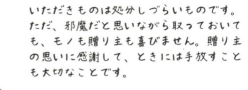

TYPE 5

捨てることに罪悪感を持つ人 何でも捨てることのできる人

捨てることに罪悪感を持つ人は、これからその考えを変えてみましょう。捨てることより捨てた後のことを考えると、モノを持つこと自体への意識が変わります。

いただきものに限らず、モノを捨てることに罪悪感を持つ人がいます。それはモノを大切にするという貴重な美徳のひとつですから、いらないモノは捨てましょう、などと一口では言えません。それを防ぐには、最初から必要以上のモノを持たないことです。そうすれば捨てなくてすみます。

また、単にモノが惜しくて捨てられないという場合もあります。いずれにしてもこれからは、捨てた後にゴミになってしまうことに罪悪感を持ってください。

これは、何でも捨てることができる人も同様です。あなたが捨てたモノは、ゴミとなり、環境を汚しているのです。捨てることに達成感や快感はあっても、そのこと以上に、最初から捨てなくてすむモノを求めることです。それでも捨てなければいけないモノが出てきたら、別の形で利用する方法はないかと考えてみます。別の形に変えることは、前のモノを捨てたのと同じことですから。

モノは安易に捨てずに、人に譲ったり、別の形で活用する方法を考えてみましょう。もったいないという気持ちは大切にしてください。

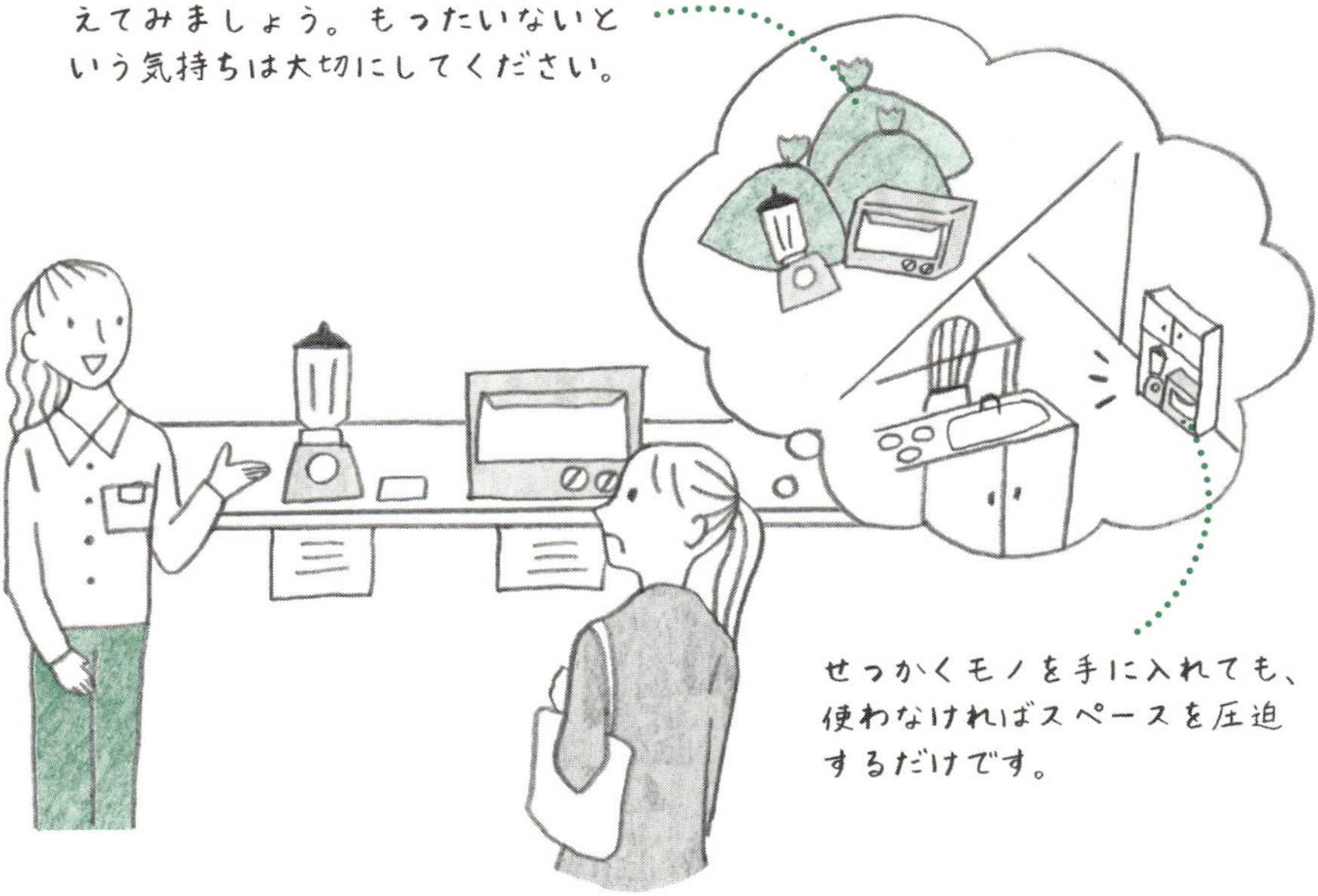

せっかくモノを手に入れても、使わなければスペースを圧迫するだけです。

捨てることに責任を持つ

モノはいつか捨てられます。しかし、だからといって、いらなくなったら捨てればいいという考えはあまりに無責任です。本当にいるモノかどうかを吟味して買う習慣をつけましょう。すでに持っているモノがいらないと感じたら、使い方を変える工夫をして捨てずに捨てた気分になりましょう。

TYPE 6 モノが豊富にないと不安な人 無駄なモノがあるといらいらする人

もしものときの備えは肝心です。けれどそれも度が過ぎると快適な住まいを圧迫してしまうことになります。備えはほどほどに。

必要以上の食材やペーパー類などの消耗品がたくさんないと不安になる人は意外に多いようです。年配の方なら昔のモノ不足、オイルショックなどを思い出すのでしょう。そうでなくても、地震など自然災害の心配もあるし、とにかく何か急になくなることがあるかもしれないと、すべて豊富な量のストックを考えます。

すぐ救援があると思うのは、少しのんきすぎるかもしれませんが、それにしても、住まいの空間とのバランスや家族数を考えて、常に適量のストックにとどめてください。救援が来るまでのことを考えて、おおよそ3日分ほどが目安です。

また、無駄なモノは置いておきたくないと思う人も、突然の災害に備えて、ある程度のモノは備蓄しておくことも必要です。緊急時以外は使わないいからとしまい込みすぎるのもいざというときに困ります。食材には期限があるので、適度に食べて入れかえるようにしましょう。モノのストックは、貯めることではなく管理することです。

モノがあると安心する

消耗品のストックが多いと、どこか安心するでしょう。しかし、必要以上のストックは生活を圧迫します。計画的にストックするように習慣をつければ、モノがないと不安になることもなくなります。

平常時に充実したストックであれば

無駄なモノはいっさい置かない主義の人もいるでしょう。消耗品の買い足し計画がきちんとしていれば、必要以上にストックを多くする必要はないのです。平常時に必要十分なストックで緊急時を切り抜け、多少の不便はがまんしましょう。

TYPE 7 収納方法をなかなか変えようとしない人 次々に変える人

掃除だけでなく、収納の中もときどき変えてみましょう。なかなか変えようとしない人は、取り出して見ることから始めてみると変わってくるかもしれません。

収納方法を変えるのは面倒なことなので、一度決めたらそのままにして容量だけを気にしがちです。大掃除は定期的に行っても、なかなか収納の中まで整理しようとは思いません。

しかし、今の収納のままでも、しまい方や収納されているモノの位置を変えるだけで、入る量を変えられることがあります。

年月やライフステージの変化に応じて、モノと自分との関わり、自分にとってのそのモノの価値も変わってくるからです。箱におさまっているモノを取り出して収納することにしたり、しばらく使っていないモノなら、収納する場所を変えたり、処分することを考えるのもいいでしょう。

一方、頻繁に収納方法を変える人もいます。すると、モノがどこにあるのかわからなくなってしまうことも起きます。変更するときは、以前より便利に。すぐに取り出せる工夫をしましょう。

発見がある

掃除のときなどに、意識してモノをチェックしていると、ふとした瞬間に無駄なスペースを見つけることができます。

モノのチェックができる

収納を見返すことで、普段あまり使わないモノがどこに収納されているか確認することにもつながります。あまりに使わないモノは、その際処分することも検討しましょう。

収納をまったく見返さないと、
どこに何をしまったかを忘れがちになります。

TYPE 8 美に対する感性の鈍い人 モノの美しさに敏感な人

「美しいモノ＝実用性のないモノ」とは限りません。
実用性だけを求めるのも考えもの。
美への感性を失わないようにしましょう。

何を大切なモノと思うか、何を美しいと感じるかは人それぞれですが、実用性一点張りで物事を判断したり、美しさに興味を引かれつつも結局は実用性がそれに勝ると考えていたりしたら、要するにその人は、美に対する感性の鈍い人です。

モノの美しさに敏感な人にとって、実用性もまた美のひとつです。実用性を無視することはありません。使うモノ、生活の空間、これらは多くが実用の美です。それを大事にしています。

これに対し、美に対する感性の鈍い人は、実用性と美を別のものとして考えますから、実用性だけを重視します。美しさと実用性を一体のものとして求めていかない限り、実用性中心、美のないモノが集まってしまいます。そして、実用性だけを重視していく中で、ますます感性は鈍っていきます。

実用性と美しさのバランスのよいモノを探すことは簡単ではありませんが、常に求めていれば、自然に集まってくるものです。

美しいからといって

モノの美しさだけに惹かれて、勢いでモノを手に入れるのは賢明ではありません。所有欲におちいっているかもしれない危険に気がつきましょう！　ただし、仮に実用性が乏しくても、それでも手に入れたいと判断したモノなら、それは生活の豊かさにつながるモノでしょう。

実用性だけ

安い、便利、丈夫、安価であるというだけでモノの価値を決めるのは少しさびしいです。美しい空間づくりに、「美」の価値観を持つことは、モノを大切にする意識につながっていきます。

TYPE 9

優柔不断な人
何事にも性急な人

優柔不断な人と、性急な人、どちらも収納計画を立てる適性という点では、低いと言わざるを得ません。ではどうしていけばいいのでしょうか。

優柔不断な人は、収納の目的を決断することができません。性急な人は、空間条件、モノの大きさと量の把握、使用目的などさまざまな条件を集め整理し、じっくり考える時間を惜しみます。その結果、もっと優れた収納が必要と思いつつ、現状は変えずに不便であるとこぼします。

収納は、その時点での条件内で、目的に合ったものを結論とするしかないのですが、優柔不断な人は、結論が出ていても迷います。性急な人は、明確に組み立てる前に、早い結論で収納を選んでしまう危険があります。

このような自分の性質をよく理解したうえで収納計画に挑むしか方法はないようです。そして、ときには人の意見に耳を傾けながらも惑わされることなく、自分の意志で収納を考えましょう。

理想を持つ

収納に明確な理想を持つことはむずかしいことかもしれません。ただ、いつまでも収納方法が決められないと、生活はおざなりになります。まずは、「モノを使うとき、気分よく使えるかどうか」というところから考えましょう。

計画がないと…

とにかくしまえばいいという考えは、どこかで行きづまります。すぐ片付ける習慣は大切ですが、どこにしまうか、どうしまうかまで考えて、初めて収納術と言えます。

TYPE 10 人のせいにする人 何でも自分でしてしまう人

家が片付かないのを家族のせいにしている人、また何でも自分でやってしまう人、このふたつのタイプには実は共通点があります。

自分で整理したり片付けたりすることが嫌いな人に限って、家族がモノを出しっぱなしにしたままにすることを、家の中が片付かない理由にします。でも、家族にすれば、実はどこにしまったらいいのかわからない、ということもあるのです。家族で使用するモノが誰にでもわかる収納になっていたら、「あれはどこ」「あれを用意して」などとうるさく要求されることも、出したまま放置されることも少なくなるはずです。

何でも自分でしてしまう人も、家族が誰もやってくれないとこぼしますが、本当は家族に手を出してほしくないのです。自分の思い通りの収納にしておきたい、すべてをコントロールしていたいのです。でも、当人が留守のときには、家族はどうしたらいいかわからなくなってしまいます。この場合もやはり、家族全員が日常的に必要なモノの場所と、出し入れの方法をわかっていることが必要なのです。

注意はルールのうえで

収納の方法がきちんとしていないで、出しっぱなしと注意されても困ります。モノの使い方のルールを決めたうえで、それを伝え、何度か様子を見ます。まだ守られなければ、それは収納システムに問題があるかもしれません。

あとがきにかえて　まとめ

モノに翻弄された昭和の時代から、少ない上質なモノで暮らす時代に変わりました。

大切なのは、日常生活に存在するモノはすべて自分が、今大切なモノとして、自分の責任で持っているモノだ、と言いきれることです。それは、今あるモノが、美しく自分に役立っていると思えている、ということです。

モノはその価値にかかわらず、自分の元にやってきてまた立ち去っていきます。それを静かに見送る覚悟があれば、身の丈に合った好きなモノに常に囲まれていられることでしょう。

モノ選びの中に、自分の今の姿を見ることができます。モノが自分を映し出していると思ってもよいでしょう。さらに申し上げると、モノ選びはモノが後に残りますからわかりやすいのですが、それ以外の日常生活の多くの選択もまた、自分自身だということです。自分の個性であり見識であり感性そのものなのです。

そして、「片付ける」ことを習慣とすることが、美しい空間で気分よく暮らすための収納計画の最後の回答です。収納方法の見識があっても、片付ける習慣がなくては、収納には意味がありません。

片付けの習慣を持つには「今は他に重要なことがある」とか、「気分が乗らないから明日でいい」とか、「リバウンドするからやっても無駄」などの考えを取り去ることです。ともかく瞬間的に片付けます。何にも考えず思い煩わず行動すること（瞬間行動）です。不要なモノを見せない、使ったら元に戻すことで、達成感が得られます。もしくは小さな終了で気分を上げることができます。

片付けることは、そのことにかかった時間にも増して有効です。なぜなら気分がよければ「大切と思えること」をする時間のスピードアップになるからです。

何かに行きづまったときにも小さな片付けをしましょう。いらいら感も片付けで解消します。片付けこそ健康法のひとつと言えるかもしれません。

モノを持ちたくない人は、自分のスタイルをできるだけ早く決めることです。生活のスタイルが決まっている人は、「少ない種類のモノ、同じモノの適量」で暮らすことができます。そんなミニマリストになりたい人は誰かのまねをするのではなく、まず自分に一番似合うものを決めます。ヘアスタイル、化粧、そしていつでも着ていられるスタイルの衣装も。

衣装は、決してカジュアルでも華美でもないシンプルなものがお勧めです。上質であれば、いつでもあらたまった雰囲気が出せます。最もよく似合う同じ色、同じ形の服が収納の容量に合わせた枚数だけあればよいのです。生活の行動を他人に合わせて広げないことです。

生活具は、目的に合わせて各種類そろえるのではなく、ひとつを多目的に利用できるよう工夫します。生活技術を磨くことでモノに豊かさを与えます。結局、シンプルで形のよいモノがいろいろ使えることに気づきます。料理の内容に合わせた食器調理器具など、すべてをミニマムにすることが可能です。収納に悩むことなく日常生活を営めるでしょう。

多目的な便利さをうたっていてもすぐに壊れてしまうモノもあります。それよりも、作りのしっかりした上質な道具を選ぶことです。すべてに使い回せるとは限りませんが、いつまでも使えます。ただ、上質な道具は丁寧な使いこなしが必要なことは知っておいてください。

余分なモノを増やさないように心がけると、自ずと選択基準も高くなり、モノ選びが上手になります。収納に悩むことなく日常生活を営むことができるでしょう。

ミニマムな空間には、植物や花など、自然の造形を加えることを忘れないでおきましょう。空間を和ませてくれます。

人生は一度だけ、何でもやって楽しまなくては、と思う人には、モノが増える可能性は高いでしょう。たっぷりとした収納スペースがあるのなら、それも悪くはありませんが、実際には何でもやれるわけではありません。ひとつのスタイルの中にすべてに通じるものが探求できる場合もあります。

自分のテイストやスタイルが決められず、多くの夢をモノに抱え込ませている人は、モノの管理と活用に悩まされることになりますが、その悩まされるプロセスで、たくさんの生活のストーリーを見ることもできます。モノと向かい合い、モノで磨かれ、モノを離れ……七転八倒しながら、成長していくことができます。

多くのモノを知っていればこそのよい管理法も身につくでしょう。たとえば、A食品、B消耗品、C道具、D資材、E美的用品、F個人所有、G思い出のモノなどの自分独自の分類もできます。

適材適所の使いやすさ、モノの性質、形状に合わせた収納方法は、モノを理解していればできることです。たとえば、衣装のウォークインクローゼットは、さながらブティックのごとくでなくては、その容量に匹敵する収納方法とは言えません。つまり、収納されている状態が美しいということです。

モノが多くなれば、モノの管理にも専門家の助けが必要になってきます。それがかなわなければ、日常生活に収納遊びの時間を増やすことですが、それが何か問題でしょうか。

収納遊びに時間をかけて、人生と向き合うのは、素晴らしいことです。むしろモノとの関わりをおざなりにしたり、効率だけを重視していると、上質なモノを通して磨かれるはずの感性が損なわれていきます。


最後に現実問題として、多くのみなさまが抱えている問題のトップである、紙ものの処理について申し上げておきましょう。

「シュレッダーにかけなくては」とか、「いつまで保存すればよいのかしら」と悩んでいるうちに、〝紙が紙を呼ぶ〟つまり、紙ものの整理整頓の甘い状態が空間を乱しています。

紙ものは大きさに合わせて箱に入れて時間の段階で処理します。これも管理のひとつです。庭の落ち葉掃きと似ています。収納とは片付けとモノの管理の繰り返しということなのです。

やはり収納計画は人生計画の縮図と言えるものなのでしょう。


わかりやすい収納の本としてリメイクしてくださった大山聡子様の編集に感謝申し上げます。収納に関心の高い皆様の少しでもお役に立てばと願っております。

加藤ゑみ子

好きなモノと美しく暮らす収納のルール

発行日　2015年　12月30日　第1刷

Author　加藤ゑみ子

Illustrator　竹永絵里
Book Designer　清水佳子
編集協力　株式会社ナイスク　松尾里央　高作真紀　三上恒希

Publication
株式会社 ディスカヴァー・トゥエンティワン
〒102-0093　東京都千代田区平河町2-16-1 平河町森タワー 11F
TEL　03-3237-8321（代表）　FAX　03-3237-8323
http://www.d21.co.jp

Publisher　干場弓子
Editor　大山聡子

Marketing Group
Staff　小田孝文　中澤泰宏　片平美恵子　吉澤道子　井筒浩　小関勝則　千葉潤子　飯田智樹　佐藤昌幸　谷口奈緒美　山中麻吏　西川なつか　古矢薫　伊藤利文　米山健一　原大士　郭迪　松原史与志　蛯原昇　中山大祐　林拓馬　安永智洋　鍋田匠伴　榊原僚　佐竹祐哉　塔下太朗　廣内悠理　安達情未　伊東佑真　梅本翔太　奥田千晶　田中姫菜　橋本莉奈　川島理　倉田華　牧野類　渡辺基志

Assistant Staff　俵敬子　町田加奈子　丸山香織　小林里美　井澤徳子　藤井多穂子　藤井かおり　葛目美枝子　竹内恵子　清水有基栄　小松里絵　川井栄子　伊藤由美　伊藤香　阿部薫　常徳すみ　三塚ゆり子　イエン・サムハマ　南かれん

Operation Group
Staff　松尾幸政　田中亜紀　中村郁子　福永友紀　山﨑あゆみ　杉田彰子

Productive Group
Staff　藤田浩芳　千葉正幸　原典宏　林秀樹　三谷祐一　石橋和佳　大竹朝子　堀部直人　井上慎平　松石悠　木下智尋　伍佳妮　賴奕璇

Printing　共同印刷株式会社

ISBN978-4-7993-1825-6